新时期档案信息资源开发与治理体系建设研究

曹学玲 赵宝莹 王 丹◎著

燕山大学出版社

·秦皇岛·

图书在版编目（CIP）数据

新时期档案信息资源开发与治理体系建设研究 / 曹学玲，赵宝莹，王丹著. —秦皇岛：燕山大学出版社，2023.5

ISBN 978-7-5761-0526-1

Ⅰ. ①新… Ⅱ. ①曹… ②赵… ③王… Ⅲ. ①档案信息－资源管理－研究 Ⅳ. ①G272

中国国家版本馆 CIP 数据核字（2023）第 098141 号

新时期档案信息资源开发与治理体系建设研究
XINSHIQI DANG'AN XINXI ZIYUAN KAIFA YU ZHILI TIXI JIANSHE YANJIU
曹学玲 赵宝莹 王 丹 著

出 版 人：陈 玉				
责任编辑：王 宁			策划编辑：王 宁	
责任印制：吴 波			封面设计：刘韦希	
出版发行：燕山大学出版社			电 话：0335-8387555	
地 址：河北省秦皇岛市河北大街西段 438 号			邮政编码：066004	
印 刷：涿州市殷润文化传播有限公司			经 销：全国新华书店	
开 本：710 mm×1000 mm 1/16			印 张：9.5	
版 次：2023 年 5 月第 1 版			印 次：2023 年 5 月第 1 次印刷	
书 号：ISBN 978-7-5761-0526-1			字 数：150 千字	
定 价：40.00 元				

版权所有 侵权必究

如发生印刷、装订质量问题，读者可与出版社联系调换

联系电话：0335-8387718

前　言

"十四五"时期是我国全面建成小康社会、实现第一个百年奋斗目标后,乘势而上开启全面建设社会主义现代化国家新征程、向第二个百年奋斗目标进军的第一个五年,是我国抓住机遇、迎接国内外各种挑战、拓展新发展空间的关键时期。档案工作作为一项利国利民的事业,在国民经济和社会发展规划中发挥着重要作用。

档案工作是维护党和国家历史真实面貌、保障人民群众根本利益的重要事业,是不可缺少的基础性工作。档案是重要的信息资源和独特的历史文化遗产。档案资源的价值日益凸显,档案工作对党和国家各项事业的基础性、支撑性作用更加突出。当前,档案事业处于重要的发展阶段,要不断推动其高质量发展,适应国家治理体系和治理能力现代化要求,在各项工作中发挥积极的作用。

本书理论与实践相结合,详细介绍了档案管理的基础知识以及相关重点和热点问题,包括档案信息资源、档案治理体系、专题档案和档案信息化建设的管理知识;分析了新时期档案事业跨越式发展面临的机遇与挑战;充分考虑了档案工作者在实际工作中需要掌握的理论知识和操作方法,结合工作实际,列举具体案例,阐述档案发挥的重要作用,增强档案知识的实用性。

全书共分为六章。第一章为新时期档案事业跨越式发展面临的机遇与挑战,介绍了"十四五"时期档案事业迎来了新机遇并面临新挑战。第二章为档案信息资源开发的原则、方向及路径,介绍了档案信息资源开发的相关内容,提出了需要引起重视的三个问题。第三章为新时期档案治理体系建设的三大着力点,即完善档案的基础设施建设、加强档案的基础业务建设和档案的安全保护工作。第四章为加强人才与信息化建设，构筑档案治理体系，介绍了人才队伍管理体系与档案信息化建设的相关内容。第五章为档案治理体系在专题档案管理中的应用实践，主要包括国家重点档案管理、机关单位档案管理、红色资源档案管理、精准扶贫和美丽乡村档案管理、民俗文化档案管理等内容。第六章为重大活动、事件、工程档案管理利用实例，结合水利工程建设项目档案管理的具体案例进行阐述说明。

本书第五章、第六章由曹学玲负责，共 7 万字；第二章、第三章由赵宝莹负责，共 4 万字；第一章、第四章由王丹负责，共 4 万字。

目 录

第一章　新时期档案事业跨越式发展面临的机遇与挑战 …………… 1
　　第一节　导论 …………………………………………………………… 1
　　第二节　"十四五"时期档案事业发展迎来新机遇 …………………… 2
　　第三节　"十四五"时期档案事业发展面临新挑战 …………………… 7

第二章　档案信息资源开发的原则、方向及路径 ………………………… 18
　　第一节　档案信息资源开发的原则 …………………………………… 18
　　第二节　档案信息资源开发的方向 …………………………………… 24
　　第三节　档案信息资源开发的路径 …………………………………… 36
　　第四节　需要引起重视的三个问题 …………………………………… 40

第三章　新时期档案治理体系建设的三大着力点 ……………………… 46
　　第一节　完善档案的基础设施建设 …………………………………… 46
　　第二节　加强档案的基础业务建设 …………………………………… 50
　　第三节　档案的安全保护工作 ………………………………………… 56

第四章　加强人才与信息化建设　构筑档案治理体系 ………………… 70
　　第一节　建立档案人才队伍管理体系 ………………………………… 70
　　第二节　推进档案信息化建设 ………………………………………… 80

第五章　档案治理体系在专题档案管理中的应用实践 ………………… 89

第一节 国家重点档案管理 ········· 89
第二节 机关单位档案管理 ········· 93
第三节 红色资源档案管理 ········· 101
第四节 精准扶贫和美丽乡村档案管理 ········· 106
第五节 民俗文化档案管理 ········· 110

第六章 重大活动、事件、工程档案管理利用实例 ········· 113
第一节 国家重大活动专项的档案管理 ········· 115
第二节 突发公共卫生事件的档案管理 ········· 121
第三节 水利工程建设项目的档案管理 ········· 125

结语 ········· 140

参考文献 ········· 143

第一章　新时期档案事业跨越式发展面临的机遇与挑战

第一节　导　　论

档案工作是维护党和国家历史真实面貌、保障人民群众根本利益的重要事业，是不可缺少的基础性工作。档案是重要的信息资源和独特的历史文化遗产。档案资源的价值日益凸显，档案工作对党和国家各项事业的基础性、支撑性作用更加突出。

当前，档案事业面临前所未有的历史机遇。根据《"十四五"全国档案事业发展规划》，深入学习领会习近平总书记的重要批示，增强档案工作的神圣感、使命感，全面提高档案工作质量和服务水平。坚持党对档案工作的领导，全面推进档案治理体系建设，着力推动档案事业高质量发展。深入践行以人民为中心的发展理念，加大档案开放力度，推动档案基础设施建设，切实加强档案安全管理，加强智慧档案馆建设，使档案工作高效快捷地服务于人民群众。勇于面对大数据、云计算、人工智能、区块链等为档案工作带来的挑战和机遇，让现代科技赋能档案事业，实现档案信息互联，积极融入档案信息资源共享利用平台。

档案部门要牢牢把握当前档案事业高质量发展的特殊机遇期，主动适应新形势新任务新变化，积极作为，以问题为导向，积极克服档案工作中存在的制约高质量发展的短板弱项，推动"十四五"时期档案事业高质量创新发展。进一步提升档案治理效能、档案利用服务水平、档案信息化程度和管理能力，形成档案事业发展新格局。

第二节 "十四五"时期档案事业发展迎来新机遇

"十四五"是全面建设社会主义现代化国家的开局规划，是向第二个百年奋斗目标进军的第一个五年规划。在"十四五"时期，做好档案工作具有特殊的重要意义。根据党中央精神和中央办公厅工作部署，做好档案工作的总体要求是：以习近平新时代中国特色社会主义思想为指导，全面贯彻党的二十大精神，坚持稳中求进工作总基调，深入贯彻落实习近平总书记对档案工作的重要批示，深入推进档案法贯彻实施，深入抓好"十四五"档案事业发展各项重点任务落实，推动全面从严治党向纵深发展，守正创新、真抓实干，全面提高工作质量和服务水平。

"十四五"时期，充分重视档案发展事业，完善档案基础设施建设，为档案事业的发展提供有力的政策保障和经济支持。加强档案的基础业务建设，不断推进档案信息化建设进程，积极促进档案事业和其他行业的融合发展。重视档案的开发利用，使档案工作更好地服务于党和国家工作大局，更好地服务于人民群众，充分发挥档案的重要作用。

一、2020—2022年档案开发利用的代表性实践与分析

中央档案馆设置的"政府公开信息查阅中心"，为公民、法人或者其他组织查阅中央国家机关网站上发布的政府公开信息提供查阅服务。2020年，国家档案局门户网站发布各类信息2036篇。截至2020年12月31日，国家档案局门户网站累计访问量达313.54万次。2020年，国家档案局微信公众号全年推送60期，共计67条稿件；关注用户达到25501人，阅读量共计244212人次。2020年，查阅中心共接待查阅者405人次，向查阅者提供政府文件材料971件（份），打印（复印）文件8828页，提供现场及电话咨询213人次，

收到群众感谢留言 14 条。接收中央和国家机关、地方人民政府等 17 个单位发来的政府公报、公告共计 185 件、242 份。

2021 年，国家档案局官方网站发布重要信息 200 余篇。截至 2021 年 12 月 31 日，国家档案局门户网站累计访问量达 1053.47 万次。2021 年，国家档案局微信公众号全年推送 125 期，共计 164 条稿件，阅读量共计 486514 人次。国家档案局专门设立开放档案查阅场所、形成在重要时间节点集中公布档案机制、建设相关服务平台和网站，集中开放馆藏档案 3.3 万件等，推动档案系统为民服务水平。中央和国家机关政府公开信息查阅中心共接待查阅者 503 人次，向查阅者提供政府文件材料 764 件（份），打印（复印）文件 8810 页，提供现场及电话咨询 286 人次，收到群众感谢留言 4 条。接收中央和国家机关、地方人民政府等 15 个单位发来的政府公报、公告 202 件、250 份。

2022 年，建成全国档案查询利用服务平台并接入 270 多家档案馆，全年新增高水平数字档案馆（室）58 家。建设全国档案查询利用服务平台，各地市档案馆签订跨馆合作协议，建立覆盖各省、辐射全国馆际联动查档机制。建立便捷的档案信息资源共享利用联动新机制，实现全国档案信息共享利用"一网通办"，是国家档案局贯彻落实习近平总书记关于做好新时代档案工作的重要批示，更好地服务于党和国家工作大局、服务于人民群众的重要举措。截至 2022 年 7 月，全国各省（自治区、直辖市）档案馆，各计划单列市、副省级市档案馆及新疆生产建设兵团档案馆都已接入全国档案查询利用服务平台，全国接入总数已超过 1000 家。

通过对近几年档案利用数据的分析，可以看出档案利用服务工作成效显著。随着经济社会的发展、文明程度的提高，以及档案宣传力度的加大，全民档案意识不断增强。红色档案利用量逐年上升，民生档案查询仍占主导地位，档案远程利用已成常态。在今后的工作中要进一步强化档案资源建设，优化馆藏档案结构，拓宽档案利用渠道，积极开展"互联网+"档案服务，及时了解社会利用动态，更好地开展主动服务，切实提升服务水平。

《"十四五"全国档案事业发展规划》明确的一项重点任务是新时代新成就国家记忆工程建设。新时代新成就国家记忆工程就是要将新时代党领导人民推进实现中华民族伟大复兴的奋斗历史记录好、留存好，这对于构筑民族集体记忆、凝心聚力铸就党的千秋伟业具有重大意义。2021年以来，各级档案部门扎实推进脱贫攻坚和疫情防控两类档案归集工作并取得重要的阶段性成果，为组织实施新时代新成就国家记忆工程打下了坚实基础。各级档案馆将常态化防控形势下疫情防控档案收集好、整理好。要求督促各级应对疫情工作临时机构、联防联控机制成员单位将疫情防控档案目录移交同级综合档案馆，优先推进脱贫攻坚和疫情防控两类档案数字化工作，并将形成的两类档案数字复制件移交同级综合档案馆。各级档案部门要统筹规划好区域内脱贫攻坚和疫情防控两类档案的归集工作和专题数据库建设，争取用两年左右时间将两类档案专题数据库目录数据挂接比例提高到80%以上。国家档案局将支持依托湖北省档案馆建立抗疫档案文献展藏中心，支持四川省凉山州利用脱贫攻坚档案举办"美丽乡村展新颜"成就展。

全面部署推进新时代新成就国家记忆工程，组织开展第五批中国档案文献遗产申报评选工作，启动世界记忆项目备选项目库建设。国家档案局将制定新时代新成就国家记忆工程建设实施方案，提出这项工程的目标任务和推进的方法步骤，总的考虑是在两类档案归集成果的基础上，围绕党和国家各项事业发展成就，不断拓展档案归集领域、扩大覆盖面，特别是要进一步做好国家重大战略、重大工程、重大活动等相关档案的归集工作。扎实推进重特大事件应急处置档案管理体系建设。开展科研单位科学数据和科研档案协同管理试点。各级档案馆要按照实施方案要求，加强有关档案的收集，规范有序地开展专题档案数据库建设。推动各地区建立资源平台，引导平台资源有序流通、共享共用。

二、《"十四五"全国档案事业发展规划》颁布实施

"十四五"时期是档案事业发展的重要战略机遇期。在"十四五"期间，深入学习贯彻习近平总书记对档案工作的重要批示，在党委的集中统一领导下，紧紧围绕党委政府工作，坚持高质量发展，在改革中破解影响档案事业长远发展的难题，强化档案资政能力，提高服务水平，推动档案事业的创新发展。

第一章 新时期档案事业跨越式发展面临的机遇与挑战

2021年6月，中共中央办公厅、国务院办公厅印发《"十四五"全国档案事业发展规划》（以下简称《规划》），这在新中国档案史上具有里程碑意义。《规划》以习近平新时代中国特色社会主义思想为指导，深入贯彻落实习近平总书记关于档案工作的重要批示和党中央的决策部署，立足新发展阶段，贯彻新发展理念，构建新发展格局；以高质量发展为主题，全面推进档案治理体系和档案资源体系、档案利用体系、档案安全体系建设；深化档案信息化战略转型，强化科技和人才支撑，着力推动档案工作走向依法治理、走向开放、走向现代化。《规划》明晰了"十四五"时期档案事业发展的目标和方向，有利于档案事业各项工作找准定位、有的放矢、科学实施。《规划》明确了"十四五"时期档案事业发展的主要任务，有利于档案部门统筹规划、合理安排、循序实施，并提供了"十四五"时期档案事业发展的政策保障。我国社会主义现代化建设各项事业繁荣稳定发展，得益于党和国家给予的政策支持和法治保障。发展规划作为国家政策文件的重要内容，是国家对事业发展的顶层设计，是有效推动事业发展的前提基础和必要条件。档案事业发展进程中，历次五年规划（计划）的制定与实施，都对推动彼时档案事业的发展发挥了不可替代的作用，但中共中央办公厅、国务院办公厅印发的《规划》，更具权威性和指导意义，是"十四五"时期档案工作的纲领性文件，也是档案事业发展坚实有效的政策保障。

《规划》围绕档案治理体系建设、档案资源体系建设、档案利用体系建设、档案安全体系建设、档案信息化建设、档案科技创新、档案人才培养、档案对外交流合作8个方面，提出了26项主要任务和7项重点工程，涵盖了档案事业发展全局，既关注当前档案领域新兴形态与发展趋势，又兼顾现有传统档案模式的继承与保护。《规划》分为发展环境、总体要求、主要任务以及保障措施4个部分。第一部分是发展环境，介绍了"十三五"时期档案事业发展取得的成效。在"面临的形势与挑战"部分，阐述了"十四五"时期是档案事业发展的重要战略机遇期，且深入分析了档案工作面临的机遇与挑战、存在的问题与不足。第二部分是总体要求，包括指导思想、工作原则和发展目标。在"指导思想"部分，《规划》坚持以习近平新时代中国特色社会主义思想为指导，着力推动档案工作走向依法治理、走向开放、走向现代化。在"工作原则"部分，提出坚持党的领导、坚持人民立场、坚持依法治档、坚持改革创新、坚持安全底线5条原则。将坚持党的领导放在首位，更加强调了党管档案工作的根本要求。第三部分是主要任务。在档案治理体系建设方面，主要从档案管理体制机制、档案法规制度和标准规范、严格档案执法与强化普法、加强重点领域档案工作监管、创新档案业务监督指导方式等方面展开。第四部分是保障措施，从组织领导、经费保障、检查评估3个方面提出了《规划》实施的保障要求。

党的十八大以来，党中央、国务院对新形势下档案工作作出了重要部署，提出建立健全覆盖人民群众的档案资源体系、方便人民群众的档案利用体系、确保安全保密的档案安全体系，极大地推动了档案事业发展。我国已进入高质量发展阶段，国家治理体系和治理能力现代化加快推进，档案工作在党和国家各项事业发展中的基础性、支撑性作用日益凸显，档案工作与时俱进、档案治理效能不断提升成为新时代的迫切要求。《规划》在继承和发展档案资源体系、档案利用体系、档案安全体系建设的基础上，首次提出档案治理体系建设，补齐治理短板，并将其列为4个体系建设之首，旨在着力构建以党的领导为根本、以依法治理为关键、以科技和信息化为依托、以高素质专业化人才为保障，各相关部门合作协同、社会力量有序参与的档案治理新格局。

在党的十九届五中全会上，习近平总书记指出，经济、社会、文化、生态等各领域都要体现高质量发展的要求。档案工作作为党和国家事业发展的重要组成部分，也要紧跟国家发展大势，聚焦高质量发展，在服务大局、服务人民群众方面迈出重要步伐，在推动以信息化为核心的档案管理现代化方面取得重大突破，在兼顾档案安全保护和开放利用的档案基础建设方面有新的举措，在人才培养和档案学科建设方面有新的思路和新的视野。针对当前档案事业发展的基础工作、重点任务和薄弱环节，经过充分研究论证，《规划》提出7项重点工程，分别是档案制度规范建设工程、新时代新成就国家记忆工程、国家重点档案保护与开发工程、档案信息化强基工程、科技兴档工程、人才强档工程和档案文献遗产影响力提升工程。7项工程涉及档案工作的各个方面，《规划》实施过程中，要以这7项工程为抓手，细化工作要求，集中资源、重点突破、以点带面，推动"十四五"时期档案事业发展取得新突破。

第三节 "十四五"时期档案事业发展面临新挑战

2021年，我国正式进入"十四五"规划时期，档案事业的发展面临新的机遇和挑战。随着互联网经济的发展，档案事业出现新局面，对档案工作发展提出新要求：要不断完善档案法律法规，提高依法治档的能力和水平，为档案事业高质量发展提供坚强的法治保障；要不断加强档案制度化建设，落实管理责任，不断提高档案的现代化管理水平；要用新思想推动档案工作，不断创新工作思路和工作方案，推动档案工作新发展。

一、"十四五"时期关于档案发展的新论述与新要求

习近平总书记强调，档案是全党、全国人民各方面活动的真实记录，是各项事业持续发展的重要基础，它不仅对深化改革、发展经济、推动科技进步、提高国民素质等有促进作用，而且对维护祖国统一、加强民族团结、保持社会稳定等也有重要作用。深入贯彻落实习近平总书记关于档案工作的重要批示和党中央的决策部署，立足新发展阶段，贯彻新发展理念，构建新发展格局，以高质量发展为主题，提高档案的管理水平，注重对档案的开发利用，推动档案事业创新发展。

（一）法律规范制定方面

深入贯彻落实国家和省市相关档案法规标准，按照《档案法》《档案法实施办法》等法律法规的规定，进一步规范档案管理工作，为统筹做好档案管理工作提供制度依据。建立健全完善档案管理制度，如《档案管理制度》《档案保密制度》《档案借阅利用制度》《档案销毁制度》《归档文件整理规则》《机关档案管理办法》《电子档案归档与管理规范》《机关电子公文归档规范》

等档案管理规章制度，使档案管理工作有章可循。这些规章制度涉及档案的收集、整理、鉴定、立卷、归档、保管、利用、销毁等各个方面，明确了档案的管理范围、管理原则和管理方法。以制度规范档案管理的各项工作，推进档案管理规范化建设，使档案的管理制度和工作机制更加完善。对立卷归档制度、档案利用和保密制度等，以及档案的分类方法、编号要求、归档范围、保管期限等作出明确的规定，使档案的收集、整理、归档工作更加规范化。制定科学的档案分类方案，确定文件归档范围，准确划分档案的保管期限，有利于档案的科学管理，提升档案资源质量和管理水平，使档案管理工作科学化、规范化、标准化。深化档案全宗介绍、组织沿革、大事记、全宗卷的编制工作，提升内容管理水平。

（二）管理责任落实方面

加强档案管理制度化建设，推动局馆联动、网格推动、典型驱动、示范带动等方面，促进档案工作高质量发展。围绕档案工作中的全局性问题和重点难点工作，分析存在的短板弱项，定期研究解决问题，形成上下贯通、执行有力的工作格局，把档案管理共享工作落到实处。制定档案年度工作要点和档案工作责任分解表，安排部署档案工作，细化工作流程，以更高的标准、更严的要求、更高的质量开展档案管理各项工作任务，担当责任、团结奋进，圆满完成各项目标计划。进一步完善档案工作的报告制度、月例会制度、定期通报制度，定期收集汇总档案工作动态，织密档案工作的联络网。

（三）具体档案实务方面

加强档案的收集和归档工作，确保各类档案真实全面。全方位收集档案信息，积极扩大档案的收集范围，有效落实档案应归尽归、应收尽收，使档案资源覆盖面更加广泛、内容更加丰富、形式更加多样、结构更加优化。

进一步规范建档工作，全面推行档案分类方案，优化档案资源结构，细化档案移交接收流程，明确档案移交接收要求。优化档案归档细节，提高归档工作效率，推行档案"三合一"制度。档案"三合一"制度，是一项规范和指导档案在收集、整理、归档鉴定过程中的一项基本的档案制度，即在机关档案工作中全面推行档案分类方案、文件材料归档范围和档案保管期限表"三合一"。定期开展保管到期档案鉴定处理工作。规范档案移交和接收工作，做好电子档案的规范化管理工作。做好电子档案管理系统与各个业务系统的对接、数据迁移、数据检测等工作，优化软硬件配置，储备适量载体，明确实施步骤，细化工作流程，统筹有序推进各项工作的开展。

科学分类是作好电子文件收集整理的前提，应制定电子档案分类标准。清晰的分类标准能够帮助档案管理人员快速开展电子文件的收集工作，提高立卷整理效率。通过计算机自动捕获技术，在电子文件之间进行系统锁定，保障电子文件收集及时完整，也有效保持了文件之间的关联性，实现电子文件的产生和归档同步完成，提升电子档案的标准化管理水平。建立科学、合理、规范的操作规程，严格实施，为电子文件归档和电子档案的形成提供有效保障。

完善档案工作体制机制，落实相关责任，确保管理工作程序到位、记录到位。加强档案管理规范化建设，加强档案管理人员的工作作风建设，调动和激发工作热情，促进档案管理工作更加标准化。落实主体责任，强化职责，建立健全管理体制和工作机制，明确责任，全面建立和落实档案工作责任制。优化档案管理工作的考核机制，将档案管理工作纳入考核内容。规范档案的日常管理、材料收集、程序审核、档案利用的规范化举措和要求，保证档案质量，减少档案部门的工作程序和烦琐的移交手续，避免重复立卷，使档案管理工作更加科学化、规范化。将档案管理的日常工作做成"流程图"和"明白纸"，把档案管理的各项工作做实、做细。对所属单位、部门的档案管理工作进行监督指导，深入调研，发现问题立行立改，切实做到严抓严管、常抓常管，使档案的归档率、完整率、准确率均达到国家档案管理标准。

二、新时期档案管理的法治化、现代化建设需要

档案工作面临新的形势和任务，需要加快走向依法治理、走向开放、走向现代化，守正创新，使档案工作更好地适应新形势新任务的要求。立足新

发展阶段，贯彻新发展理念，构建新发展格局。社会主义法治国家建设和新修订档案法的实施，迫切要求我们完善档案法律法规体系，提升档案工作体制机制创新及档案行政监管和治理能力，提高社会档案法治意识。深化依法治档，提升档案治理效能，坚持党对档案工作的领导。坚持依法治档，从严管档要求，把档案日常管理做细、做实、做出成效，不断提高档案的法治化、制度化、规范化水平。

（一）档案管理的法治化建设需求

坚持将档案基础业务建设放在重要位置，要牢固树立"基础为本"意识，夯实档案馆各项业务基础，加强档案的基础业务建设，全面提高档案管理质量和水平，扎实做好各环节基础业务工作，从而使档案的业务面更广泛、内容更丰富、结构更加优化合理，满足档案的现代化建设需求。

1.完善档案管理法律法规体系

2020年6月20日，十三届全国人大常委会第十九次会议审议通过了修订后的《档案法》，2021年1月1日起施行。修订后的《档案法》共有53条，较2016年的《档案法》增加了26条法律条款，增设"档案信息化建设"和"监督检查"两章内容，内容更加充实完善。

修订后的《档案法》更加有利于解决档案工作实践问题，档案形成主体呈现多元化的特点，除机关、事业单位、国有企业、团体外，非国有企业、社会服务机构等在研发、建设、生产、经营和服务活动中，也形成了大量具有保存价值的材料，因此需要进一步明确档案归档范围和档案管理责任。档案管理由传统的档案实体管理逐渐转化为档案数字管理，为适应新时代发展要求，需要进一步加强档案信息化建设。明确电子档案的地位和作用，保障电子档案、传统载体数字化成果等档案数字资源的安全保存和有效利用。档案监督检查明确规定了档案监督检查事项，完善监督检查措施，落实法律责任，明确罚款的数额。

修订后的《档案法》明确了国家和地方档案主管部门负责全国或本行政区域内的档案工作，将档案事业发展经费列入政府预算，确保档案事业与国民经济和社会发展水平相适应。

修订后的《档案法》为积极推动档案的开发与利用,将档案向社会开放的期限由三十年缩短为二十五年,要求档案馆不断完善利用规则,创新服务形式,强化服务功能,提高服务水平,为国家机关制定法律、法规、政策和开展有关问题研究提供支持和便利。

《档案法》是推动我国档案事业发展、指导档案工作实践的专门性法律。全面贯彻落实《档案法》等法律法规及党和国家关于档案工作的方针政策,遵守档案法律法规,履行法定职责,增强全社会的档案意识,加强档案法治宣传,特别是加强领导干部档案法治教育,坚持依法治档,实现档案管理的法治化管理。新修订的《档案法》紧跟档案事业发展趋势与新时代国家发展方向。社会主义法治国家建设和新修订《档案法》的施行,为档案法治建设和档案工作实践以及解决现实问题提供了充分的法律依据,在我国法治建设进程中具有里程碑的意义。

制定《档案法》是为了有效保护和利用档案,为社会主义现代化建设及中国特色社会主义建设服务。随着政务信息公开化程度的加深以及公民民主权利意识的增强,社会公众对于档案信息的利用需求逐步增加,新修订的《档案法》顺应社会要求,对档案开放与利用条款作出较大改动,进一步保障了公民权利。

新修订的《档案法》的实施,为档案管理各项工作提供了法律支撑。坚持依法治档,按照《档案法》的规定,依法依规落实档案工作领导责任、管理责任、执行责任,坚持在法治轨道上推进档案治理,不断提高档案工作法治化、规范化、科学化水平。以《档案法》的有效实施为抓手,健全档案法规体系,加大档案监督检查力度,强化普法,深化依法治档,加强执法队伍建设,确保档案管理各项工作依法进行,努力把档案法规制度转化为档案治理效能,将依法治档推向新高度。

健全以《档案法》为基础,以档案法规、规章为主干,内容科学、程序严密、配套完备、运行有效的档案法规制度体系。做好《档案法实施办法》《科学技术档案工作条例》《机关档案管理规定》等行政法规、党内法规修订工作,重点制定、修订有关档案馆设置布局、档案开放审核、电子档案管理、企业档案管理、重点领域专业档案管理、档案监督检查、档案行政处罚等一批部门规章及行政规范性文件。

依据《档案法》开发利用档案，为各领域、各学科的发展服务。以档案用户的需求为目的，在满足需求的过程中实现档案的价值。新修订的《档案法》顺应时代要求，注重档案主体操作的规范性和透明性，规定档案馆需定期在网站或其他平台上发布可开放的档案目录，而且应当为便利公众的档案利用过程不断完善利用规则，创新服务形式。

完善档案标准体系，加大电子档案、科研档案、建设项目档案、医疗健康档案、档案资源共享服务、档案馆服务、档案安全保护及风险防控、数字档案馆建设等方面的标准供给。加快推进《公务电子邮件归档管理规则》《电子档案单套制管理一般要求》《电子档案证据效力维护规范》《档案服务外包工作规范第4部分：档案整理服务》等行业标准的发布实施。加强《党政机关电子公文归档规范》《电子文件归档与电子档案管理规范》《建设项目档案管理规范》等标准的解读和宣传贯彻工作。

完善档案法规制度和标准，及时修订和清理与现实不相适应的法规、规章，加大法规制度解释力度，加快推进档案开发利用、档案信息化建设、档案价值鉴定、档案移交和处置、档案相关知识产权保护等方面的制度制定。

完善档案法规标准体系。以习近平法治思想为指引，加快推进《档案法实施办法》修订工作。以问题为导向，对与新修订《档案法》不一致及不适应新形势的内容进行修改，对原则性法条规定作进一步细化。认真抓好《档案法》贯彻实施各项工作。《档案法实施办法》修订工作有序推进，《国有企业资产与产权变动档案处置办法》《乡镇档案工作办法》等规定相继出台。多地推动地方档案法规规章列入立法项目，上海率先修订出台《上海市档案条例》。开展《机关档案管理规定》《科学技术研究档案管理规定》等党内法规、行政法规的研究修订工作。修订《全国档案馆设置原则和布局方案》，建立具有中国特色的档案馆网体系。制定档案工作标准体系方案，优化行业标准供给结构。加快推进电子档案管理、档案著录等重点领域和基础业务方面的标准供给，发布《电子档案单套管理一般要求》等12项行业标准。

2. 提高依法治档的能力和水平

《档案法》的颁布和实施，为依法管理档案工作提供了依据。严格按照

《档案法》和档案管理规章制度，依法落实档案管理工作的主体责任，提升档案管理水平，全面推进行政执法公示、执法全过程记录、重大执法决定法制审核三项制度，提升档案行政职权运行规范化水平，构建科学合理的违法责任认定和追责制度。

健全档案法律法规实施有效机制，提高档案执法水平。依法落实档案行政管理主体责任，编制和公布权责清单，明确行使主体、权责名称、设定依据、履责方式。深化档案领域"放管服"改革，科学设置档案领域政务服务事项，完善办事指南和具体流程，提升档案政务服务便利化水平。坚持依法治档工作思路，将档案执法检查作为推进档案治理体系建设的重要抓手，理顺档案执法程序。新修订的《档案法》颁布实施后，对标档案法律法规要求：在执法检查安排上，更加突出问题导向、目标导向、效果导向；在执法内容上，从档案工作责任制和管理制度建立落实、档案基础设施条件保障、档案资料"收管用"、档案鉴定销毁统计移交、档案信息化建设等方面对下属机构档案工作进行监督指导，督促其加强档案规范化管理；在检查形式上，明确各单位自查、现场执法检查、反馈问题整改等环节，将执法检查结果纳入防范档案安全事故情况考核评价。加大"双随机、一公开"执法监督检查力度，推动监督检查规范有序开展。健全重大政策事前评估和事后评价制度，有针对性地调整完善政策，不断提高档案决策和政策执行水平。

加强依法行政，严格档案执法、强化普法。制定权责清单，通过加强监督检查有效推动《档案法》的贯彻实施。加强档案行政执法队伍建设，探索建立与相关部门联合执法的协调工作机制，制定科学合理的违法责任认定和追责制度。国家档案局定期对各省（自治区、直辖市）、中央和国家机关、中央企业事业单位贯彻落实党和国家关于档案工作的方针政策、遵守档案法律法规、履行法定职责等情况进行监督检查，依法严肃查处违法违规行为。持续抓好档案工作综合检查反馈问题的整改工作，确保各项整改任务基本落实到位。国家档案局将对各地区各部门档案工作进行常态化监督检查，在"十四五"时期实现全国各省（自治区、直辖市）检查全覆盖，并适时对有关情况进行通报。2022年以"落实档案工作责任制、履行行政管理职能"为主题，重点围绕执法人员配备、委托行使行政职能、档案资源移交与接收、对本行政区域内档案工作实行监督指导以及违法案件查处等方面，对约 10 个省（自治区、直辖市）、20 家中央和国家机关、20 家中央企业开展实地检查。加强执法队伍建设，探索综合执法新模式，强化档案执法人员教育培训，提高法律素养和业务能力，及时查处违法案件，依法办理行政复议和行政应诉有关事宜，有效解决纠纷。运用好政务服务"一网通办""互联网＋监管"等执法平台及有关信息化手段，不断提升执法质量、执法效率和公信力。国家档案局会同有关部门对部分省（自治区、直辖市）、中央和国家机关、中央企业事业单位开展了档案工作综合检查，发现在机构设置、人员配备、馆库建设、档案安全等方面存在突出问题，并向每家单位反馈了意见。各单位对检查反馈的问题和整改建议高度重视，迅速安排部署整改落实工作。印发实施《全国档案"八五"法治宣传教育规划（2021—2025 年）》，充分利用"6·9"国际档案日、档案法治宣传月（周）等时间节点开展普法宣传。以新修订《档案法》颁布两周年为契机，与有关单位合作推出普法专栏，举办论坛，出版普法手册，强化全社会尤其是各级党政领导干部的档案意识。

（二）档案管理的现代化建设需求

社会不断发展，档案管理工作势必也要与时俱进。传统的档案管理方式已无法满足当前工作的需要。在大数据时代，计算机技术、网络技术已经渗透到社会各个领域，是人们生活和工作不可或缺的部分。大数据技术依靠巨大的数据体量、多样性的数据类型和高速处理已经成为提高各行各业竞争力的关键因素。大数据和计算机技术，在档案的收集、整理、存储和利用等一系列流程中发挥着重要的作用。在数字化时代背景下，档案管理工作应自上而下进行创新改革。做好档案的现代化管理工作，是档案适应新时代发展的必然要求。

档案管理的现代化是指运用现代信息技术加强档案信息资源的收集、整理、开发和利用，有助于快速准确地完成各项工作任务。档案管理现代化是社会现代化的重要组成部分。传统的档案管理工作，主要是实行人工管理，在科学技术突飞猛进、社会迅速发展的今天，电子信息技术日益普及，电子政务全面推行，对档案管理也提出了新的要求，传统档案管理的弊端也日益凸显。加强档案管理现代化，是档案管理工作中的一项重要内容，也是档案管理工作顺应时代发展的必然选择。

适应新时代发展，突出创新引领，以改革精神推动档案实践、理论、制度全面创新，推动档案工作与新技术深度融合，为档案事业发展提供持久动力，加快推进档案科技和信息化建设。《规划》明确提出：要深化档案信息化战略转型，强化科技和人才支撑；要持续加大力度，努力在档案科研上取得突破，在档案信息化建设方面取得明显成效。

1. 档案工作设施设备现代化

在大数据和人工智能时代，"智慧"发展成为档案事业发展的新课题。积极推进档案科技创新，实施"科技兴档"工程，启动重点档案实验室申报工作，做好增值税电子发票应用等试点成果推广工作，推动电子行程单、电子客票推广应用，继续开展建设项目等领域电子文件归档和管理试点工作。云计算、大数据、人工智能、区块链技术等新一代信息技术广泛应用，迫切需要档案部门科学应变、主动求变，推动档案事业创新发展。推进各级档案馆开展电子档案接收条件建设工作。继续做好传统载体档案数字化工作，有条件的单位可以开展档案数字化成果文字及语音识别等工作。

档案信息化建设中的大数据技术为档案管理工作转型提供了技术支持。档案的信息化是以电子计算机为核心的各种新技术逐渐应用到档案管理中，需要加大硬件设施投入，增加信息化设备，运用先进的技术装备，开展档案管理工作，为实现档案现代化管理提供物质基础和保障。积极争取资金，采用先进的档案前沿技术，抓好全国示范数字档案室建设，推动各省开展数字档案馆建设达标工作。推动档案网站规范化建设，启动副省级城市以上档案馆网站和移动服务端绩效评估工作。实施档案信息化强基工程，采取"结对子"等帮扶措施加强中西部地区数字档案馆建设，提升信息化水平。开通全国档案查询利用服务平台，推进其接入国家政务服务体系，启动区域性电子档案备份中心试点工作。

加快推进智慧档案馆建设。2013年，智慧档案馆概念正式见诸公开文献。2011年南京市档案馆最早提出"智慧档案"理念，2013年青岛市档案馆的智慧档案馆项目获批市政府投资计划，智慧档案馆实践和理论研究同步实施，随后一些省市陆续开始实施智慧档案馆建设。智慧档案馆主要应用采集数据的物联网技术、处理数据的云计算技术、传输数据的移动互联网技术、挖掘数据的大数据技术四大关键技术，既注重对先进技术的应用，又重视对档案资源的智能管理，还关注档案信息的服务质量，是一种互联互通、全面感知、高效利用的信息档案管理模式。

将数字档案建设纳入"十四五"数字政府建设规划和大数据产业发展规划中，建设统一的数字档案系统，统筹推进档案信息资源建设，切实强化档案信息安全保障，加强档案数字资源安全管理，推动档案科技创新，有序推进以信息化为核心的档案管理数字化、智能化、现代化转型升级。面向各应用系统搭建统一的电子文件归档和电子档案管理平台，实现对归档公共数据和电子文件的统一接收、集中保存、规范管理和提供利用。明确档案资源大数据建设的发展重点，包括建设远程查档和跨馆服务平台，大力开展跨地区、跨部门合作，推动长三角一体化乃至更大范围内的档案资源共建共享。

2. 档案工作组织管理现代化

地方机构改革后，档案行政职能划归党委办公厅，多数地方将档案工作与办公厅工作同考虑、同部署，重要档案事项纳入办公厅厅务会审议，加大了推动和协调工作的力度。党管档案的原则更好地得到了贯彻落实，档案工作的体制机制继续完善。运用科学管理方式研究和处理问题，运用现代科学理论指导档案工作，进行科学系统的组织、计划、协调，管理方式由单一的行政管理转变为集法律、经济、宣传咨询、行政于一体的综合管理方式，有效行使管理职责，规范管理内容，使档案管理更加先进、科学，提高档案管理效能。

在新征程上统筹推进"五位一体"总体布局、协调推进"四个全面"战略布局，迫切要求我们扩大档案工作覆盖面、扩大档案收集范围，全方位记录留存经济社会发展历史和进程。尤其是新一代信息技术的广泛应用，数字经济、政务服务线上线下一体化等快速发展，档案工作环境、对象、内容发生了巨大变化，更是迫切要求我们创新档案工作理念、方法、模式，加快档案信息化战略转型。在不断总结经验的基础上创造性地开展工作，使新时代档案工作在守正中续写新篇章，在创新中实现新发展。推动档案科技管理改革创新，优化科技任务布局，协调科技资源配置，压实科技管理部门和项目推荐部门两级监督指导责任，完善成果评价激励机制，切实提升科技项目质量。

3.档案工作专业人员现代化

档案管理现代化需要档案管理人员拥有专业素质。在档案的信息化建设中，人才是档案管理的重要组成部分。建设一支政治立场坚定、适应档案事业发展需要、掌握现代化管理方法的档案专业队伍，是实现档案现代化管理的关键。档案管理人员要爱岗敬业，热爱档案管理事业，学习计算机有关软件和信息化平台的操作方法，定期进行专业的信息化技术培训，提高信息化能力。设立考核机制与奖惩机制，提高档案管理工作人员的积极性，培养既熟知档案管理业务知识，又掌握先进的计算机技术的专业管理人才。注重在数字档案馆建设实际工作中提高队伍素质，不断提升档案业务骨干对数字馆建设的理解层次和统筹规划能力。

档案管理人员要坚持科学统筹规划，认真履行"为党管档、为国守史、为民服务"的神圣职责，秉持"讲政治、守纪律、敢担当、有作为"的理念；坚持在党的领导下，提升对档案管理工作的认知高度，全面做好档案管理的各项工作；压实档案部门责任，形成发展合力，全面提高档案工作质量和服务水平。全面推进档案治理体系建设，提升档案治理效能，坚持社会效益优先，注重发挥档案资源优势，服务党和国家工作大局，不断扩大档案的社会影响。

档案管理的现代化是一个改革、创新的过程，运用现代管理科学理念，在档案的日常管理中采用先进的管理方式与机器设备，不断地对传统档案管理方式进行变革，不断提高档案管理的现代化水平。档案事业走向依法治理、走向开放、走向现代化取得实质性进展，形成与新时代中国特色社会主义事业相适应的档案事业发展新局面，为建设档案强国奠定坚实基础。

第二章 档案信息资源开发的原则、方向及路径

档案信息资源，只有通过开发利用，其所蕴含的潜在价值才能发挥出来。有效地开发利用档案信息资源，必须遵循一定的原则并采取一定的策略。

第一节 档案信息资源开发的原则

一、以党的领导与人民立场为根本

百年党史蕴含执政兴国规律，是弥足珍贵的精神财富，给人以深刻启迪。各级档案部门要深入学习贯彻党的二十大精神，深刻感悟党的百年奋斗重大成就和历史经验，深刻感悟新时代党和国家事业取得的历史性成就、发生的历史性变革和积累的经验，深入学习领会习近平新时代中国特色社会主义思想的"十个明确"，更加深刻认识"两个确立"的决定性意义，进一步增强"四个意识"、坚定"四个自信"、做到"两个维护"。档案工作是一项政治性很强的工作，做到"两个维护"既要葆有忠诚和热情，还必须切实提高政治判断力、政治领悟力、政治执行力，具有很强的维护能力。

各级档案部门要牢记档案工作由党领导的政治属性，善于从历史档案中汲取精神营养，把做到"两个维护"作为最重要的政治任务和最根本的政治要求，落实到工作和行动上。档案部门的同志要坚持党的全面领导不动摇，

坚持党的基本理论、基本路线、基本方略，贯彻落实党中央决策部署等重大原则问题上必须旗帜鲜明、毫不含糊，始终与以习近平同志为核心的党中央保持高度一致，把讲政治的要求贯彻落实到档案工作全过程、各方面，牢牢把握档案工作的正确政治方向，更加坚定、更高水平地做到"两个维护"。

习近平总书记的重要批示具有强大的思想伟力和实践伟力，是新时代新征程做好档案工作的总遵循、总抓手，必须作为一项长期政治任务持之以恒地抓下去。档案管理部门要认真总结经验做法，查找短板弱项，采取更加有力的举措推动学习贯彻工作不断走深走实，切实把习近平总书记的重要批示转化为做好档案工作的生动实践。要在深化学习认识上下功夫，不断加深对重要批示的丰富内涵、精神实质和实践要求的理解，深化对做好新时代档案工作重大意义的认识，切实肩负起档案工作的政治责任和神圣使命。牢牢把握档案事业发展的目标方向，围绕档案工作存史资政育人这一根本任务，突出"四个好""两个服务"的目标要求，切实把加强党的领导的原则、依法治理的要求和创新发展的理念落到实处。进一步深化落实举措，立足新发展阶段、贯彻新发展理念、构建新发展格局，把档案工作放在党和国家事业发展的全局中去谋划和推进，尤其是要对《"十四五"全国档案事业发展规划》的实施进行再部署、再加力。

坚持以习近平新时代中国特色社会主义思想为指导，坚决贯彻落实党中央的决策部署和习近平总书记对档案工作的重要指示精神，围绕中心、服务大局，求真务实、奋发进取。在习近平总书记重要批示的指引下，各级党委（党组）切实加强对档案工作的领导，加大保障支持力度，落实党委主体责任，牢记"档案姓党"的政治属性，坚持党的领导，确保档案管理工作的正确方向。以习近平新时代中国特色社会主义思想为指导，提高政治站位，增强政治自觉，把党的领导贯穿档案工作全过程、各方面，确保档案工作正确方向。发挥好"党管档案工作"的制度优势，将档案工作开展情况纳入地方党政领导班子和领导干部综合考核评价。各级党委要切实加强对档案工作的指导，明确领导责任，建立统筹协调工作机制，与中心工作同研究、同部署、同推进。将党管档案工作要求落到实处，大力宣传档案工作在贯彻落实习近平新时代中国特色社会主义思想、服务党和国家中心工作、服务经济社会发展、服务民生需求等方面发挥的重要作用。

坚持和加强党的全面领导，建立健全党管档案工作的体制机制，深入学习贯彻习近平总书记关于档案工作、历史学习与研究、文化遗产保护的重要论述精神，认真履行"为党管档、为国守史、为民服务"的职责，坚定理想信念，夯实理想信念压舱石，以"素质提高、工作提升"为抓手，认真履行档案管理工作职责，引导党员干部发挥先锋模范作用，立足岗位争先创优，不断改进工作作风，提升服务水平。思想上紧绷责任这根弦，以创新为动力，拓展档案服务领域，提升服务质量，团结协作，奋勇争先，奋发进取，谱写档案事业发展新篇章。

要通过档案宣传党的历史和成就，巩固党的执政地位，为党委政府作好信息参谋。进一步推动档案资源的开放和共享，更好地服务经济社会发展。加强档案馆的对外交流，用档案讲好中国故事、传递中国声音。

档案是党和国家的宝贵财富，也是全体人民的集体记忆。党的二十大报告提出，中国共产党领导中国人民打江山、守江山，守的是人民的心。为民造福是立党为公、执政为民的本质要求。坚持档案工作的人民立场、回应人民对美好生活的向往，迫切要求我们加快档案开放、提升服务水平。开放利用档案资源，彰显档案公共服务功能。在档案管理工作中，坚持开放档案，在拓展档案利用渠道、简化档案利用手续、改善档案利用服务条件等方面作出具体规定。坚持以人民为中心的发展理念，不断提升服务效能，提高服务水平，全面做好档案服务工作。国家档案馆要听取社会公众意见，完善反馈机制，接受社会监督，为公众合法利用档案提供保障，不断满足人民群众利用档案的需求。做好查档利用服务工作，开具档案证明材料，为领导决策、经济建设、编史修志、接续工龄、解决纠纷等提供大量翔实的资料，有效发挥了档案的凭证和参考价值，真正做到了"资政惠民"。不断优化查档环境，注重规范服务，树立查档新风。积极推进跨馆利用平台建设，加大档案的数字化力度，特别是民生档案数字化达到100%，做到"让档案多跑路，让群众少跑腿"。建立民生档案跨馆异地利用合作平台，进一步提升档案的服务效能，更好地满足社会公众对民生档案的利用需求，尤其是在疫情防控期间，真正发挥了联动互通、便民利民的作用，更好地服务人民群众。

随着"以人民为中心"发展理念的深入落实以及"放管服"改革的不断深入，全国各级各类为民服务窗口以及博物馆、图书馆、纪念馆、文化馆等部门都在不断提升公共服务均等化、普惠化、便捷化水平。《"十四五"全国档案事业发展规划》提出"切实提升各级国家档案馆公共服务能力"，旨在推动新形势下档案公共服务的理念创新、手段创新和方式方法创新。国家档案馆要以此为导向，持续优化档案利用环境，努力简化档案利用程序，不断提升窗口服务水平。特别是《"十四五"全国档案事业发展规划》提出的"鼓励有条件的综合档案馆全年向社会公众开放或延长开放时间"，就是锚定了国家档案馆的公共文化属性，使档案馆像图书馆、博物馆、纪念馆、文化馆等文化事业单位一样成为开放的公共文化空间。不仅要让广大群众"能进来"，而且"爱进来"，还"留得住"，还要让档案馆成为社会公众获取个人身份认同感和集体记忆的独特"记忆空间"。

在档案管理工作中，始终贯彻以人民为中心的发展思想，坚持档案工作为了人民、依靠人民，建设好覆盖人民群众的档案资源体系和方便人民群众的档案利用体系，提高人民群众满意度，形成与新时代中国特色社会主义事业相适应的档案发展新局面。

二、以提升档案的治理效能为目标

（一）思想上提高效能

坚持党管档案，深入贯彻落实习近平总书记对档案工作的重要批示精神，全面提高档案工作质量和服务水平。强化思想引领，切实增强做好档案工作的神圣感、使命感，切实保管好、利用好红色档案资源，切实把新时代党中央领导全国人民推进改革发展的奋斗历史记录好、留存好。

（二）法律上提高效能

新修订的《档案法》中明确规定，县级以上各级档案馆的档案，应当自形成之日起满二十五年即向社会开放。经济、教育、科技、文化等类档案，可以少于二十五年向社会开放。国家鼓励和支持其他档案馆向社会开放档案，其他档案馆包括企事业单位档案馆、高校档案馆和民间档案馆在内的档案馆。之前许多极具价值的档案无法呈现在公众面前，而从法律上赋予档案馆开放档案的职权，使得珍贵档案的价值能够体现，为社会提供服务，也为档案价值的实现提供了法律依据和保障。档案馆应定期公开档案目录，我国公民和组织在拥有合法证明的前提下可以利用已经公开的档案。新修订的《档案法》进一步扩充了可提前开放的档案门类，增加了开放档案的主体单位，让公众可以更加便捷地利用档案，能够在更大程度上满足公众对档案的需求。

《保守国家秘密法》修订实施后，特别注重处理好信息保密和信息公开的关系，保障公民的知情权，明确既要保证国家秘密安全，又要便利信息资源合理利用的原则。档案的开放必须进行相关限制，设定保密级别，进行档案开放鉴定。档案开放鉴定是指档案馆按照一定的标准和方法，对社会开放范围的鉴定，确定档案是否可以对外开放以及如何开放的过程。档案馆遵循设定的工作程序，依据确定的划分标准，组织对馆藏档案逐卷或逐件、逐页进行内容和形式审查，从而科学界定向社会开放的档案范围。

根据密级划定开放时间和范围。保密是为了保护国家重要信息不被披露，开放是为了保障公民的知情权，在保护国家秘密的同时兼顾公民主体的信息需求。将某些档案进行保密是为了合理有度地利用它们，保障档案的安全。

（三）实务上提高效能

把档案工作摆在重要位置，提高档案管理意识。不断完善档案工作制度机制，强化工作职责。强化档案工作组织领导，成立档案工作领导小组。科学设置档案管理岗位机制，科学规划设计档案管理模式和方法。明确责任分工，加强协同合作。构建统一归口、协调管理、责任清晰的档案管理工作网络。增强档案管理部门统筹谋划和指导协调的能力，加强基层档案机构履职能力建设。优化档案工作考核机制，将档案工作纳入年度考核内容。优化档案资源配置，鼓励、引导档案与其他部门、行业的协作，注重档案资源的开发利用。积极探索与各行业、各部门的开发合作，凝聚合力，既要"系统抓"，又要"抓系统"。

（四）服务上提高效能

完善办事指南和具体流程，提升档案政务便利化水平。立足档案为经济社会服务、为人民群众服务的宗旨。加快推进民生档案的开放利用，以数字技术赋能档案公共服务。

档案治理效能得到新提升，党管档案工作体制机制更加完善，档案法律制度更加健全，依法治档能力进一步增强，档案工作在推进国家治理体系和治理能力现代化中的基础性、支撑性作用更加明显。

三、以增强全社会档案意识为旨归

档案是指过去和现在的国家机构、社会组织以及个人从事政治、军事、经济、科学、技术、文化、宗教等活动直接形成的对国家和社会有保存价值的各种文字、图表、声像等不同形式的历史记录。档案具有的原始记录性，起到重要凭证和参考作用，档案的内容如实地反映了社会历史发展与国家建设各个领域的真实情况，是国家信息资源最原始、最核心的构成部分，在维护党和国家历史真实面貌方面发挥了重要作用。档案是人民在社会实践中形成的原始记录，真实地反映了客观事物发展变化的历史面貌，是维护国家、集体、个人权益的重要法律凭证，得到了社会各界的广泛认可。档案内容丰富，对各项社会实践活动都有较高的参考价值。档案工作是维护党和国家历史真实面貌的重要事业，为社会发展提供建设史料，是社会主义现代化建设各项工作的依据和条件。

做好档案工作部署，紧密围绕中心工作，服务大局，充分发挥档案存史资政育人作用，不断扩大档案的社会影响力，创造性地服务好经济社会发展大局。

广泛动员组织档案工作者和社会各界人士参加档案线上讲座、档案知识竞答等活动，组织档案专家开展档案知识讲座，组织档案主题征文活动，举办档案展，开展档案开放日，开展多种形式的宣传活动。让市民走进档案馆，近距离了解档案工作、认识档案工作，强化价值认同，感受档案文化。让公众在逐渐感知档案、了解档案的同时，更加有效地利用档案，进一步增强全社会的档案意识。精心谋划"6·9"国际档案日系列活动，加强宣传档案知识，充分展示档案的重要作用，展示档案工作的重要性和独特性，让公众参与到活动中来，增强活动的时效性，营造浓厚的活动氛围。让社会公众关注档案、走进档案、感受档案，营造共同参与、共同支持档案工作的良好氛围。积极开展庆祝建党百年系列活动和党史学习教育，进一步管好用好红色档案资源，提高档案工作的社会影响力。

档案部门应增强社会组织及公众的互动合作，利用互联网，通过召开听证会、专家咨询会等多种形式面向社会公众进行意见征集，公众献计献策，参与档案治理。面向社会广泛征集重点档案资料，积极号召鼓励公众个人参加档案志愿服务等，提升公众参与档案治理的热情和积极性。

通过全方位、多维度的宣传活动，产生广泛的社会影响。强化档案公共服务，进一步增强社会档案意识。弘扬档案文化，彰显档案资源优势，弘扬中国特色社会主义文化，激发全社会支持参与档案事业发展的积极性、主动性。激发和释放档案的生机和活力，使档案工作能够更好地开展，更好地服务于中心工作。

第二节　档案信息资源开发的方向

档案利用是直接或间接地开发利用档案信息资源，是综合信息资源开发的重要组成部分。做好档案的开发利用工作，最大限度地开发档案信息资源，以创造更高的社会效益和经济效益。

新修订的《档案法》明确规定，国家鼓励档案馆开发利用馆藏档案，通过开展专题展览、公益讲座、媒体宣传等活动，进行爱国主义、集体主义、中国特色社会主义教育，传承发展中国优秀传统文化，继承革命文化，发展社会主义先进文化，增强文化自信，弘扬社会主义核心价值观。

档案管理部门要深入探索新时代档案工作的特点和规律，积极完善工作体制机制，在不断总结新鲜经验的基础上创造性地开展工作，使新时代档案工作在守正中续写新篇章，在创新中实现新发展。

一、开发档案的文化价值

档案是人类活动和人类思维的一种精神凝结，为我们提供历史的经验和前进的动力。档案是一种信息、一种文化。档案文化是中华优秀传统文化的重要组成部分，是人类智慧的结晶，是宝贵的精神财富，也是一种基础文化，属于社会文化的一种。广义的档案文化除了档案实体文化之外，还包括人类有效管理和利用这种实体文化成果而采取的活动方式及其创造出来的档案事业文化。档案文化价值是体现国家文化、民族文化、社会文化、组织文化的重要载体。

档案文化价值是指将档案的文化职能进行充分的发挥和表现。档案文化价值的释放是指将档案资源不容易被察觉的价值以一种容易被大众所接受吸收的方式，从密不示人的状态转化到开放的状态，从而让更多的人去了解和吸纳文化价值。档案文化价值的开发是指利用档案文化价值为经济社会发展服务的过程，开发途径有以下几种：第一，积极参与社会实践活动，在社会实践中对档案文化价值进行开发，丰富档案内在的文化内涵，并不断创造新的文化价值。第二，积极参与社会文化活动。档案的文化价值得以开发，最直接的体现就是在文化活动的展示上，通过文化产品的形式加以展示。这些文化活动包括专题档案展览、新闻宣传等。在积极参与文化活动的过程中体现档案的文化价值。第三，做好档案的整理研究工作。专家学者对档案进行整理和研究，深挖拓展档案的深层文化价值，在整理和研究工作中不断发现新问题、解决新问题，把档案的文化价值融入社会生活中，最终实现对档案文化价值的开发。

随着公众档案意识以及文化需求的提高，出现了越来越多的档案文化活动。在信息化建设背景下，借助互联网、计算机和大数据技术，档案文化价值的利用与开发逐步凸显。信息技术的迅猛发展为档案文化价值资源的深度开发和高效利用与释放提供强大的技术支持。

深入挖掘档案资源，及时精准地给各级党委、政府提供参考。档案具有传承性和历史文化性，档案见证、记录了历史的发展、社会的进步，是社会发展客观真实的记录，传承了精神文化精髓，是伟大的文化财富。保存好档案资源，开发利用好档案资源，从而推动社会文化发展、增强民族文化自信、提升人民文化素养。做好红色档案、精准扶贫档案、国家重点档案、机关档案、民俗档案、重大突发公共卫生事件档案等专题档案的开发利用，加强档案史料研究，让历史说话，用史实发言。做好"一带一路"档案资源的保存扩充和开发利用工作，发挥档案在构建民族记忆、文明交流互鉴等方面的积极作用。档案资源是社会主义精神文明建设的重要内容，是政治教育的生动材料，利用档案资源进行政治思想教育活动，可以收到良好的效果。比如开展档案专题展览、制作档案记录节目、拍摄档案知识小视频、整合"一带一路"档案文献、"丝绸之路"历史档案编研、《世界记忆名录》申报等。随着我国档案文化建设的不断发展，档案文化价值将会有更加宽广的发展平台，发挥出更大的价值。要想让档案的文化价值得到更好的释放，就要将档案文化具体化，赋予其生命。拉近档案文化与公众间的距离，以更加贴近大众生活的形式促进公众对档案文化的理解与吸收，进而释放与传播档案文化价值，开发利用地域档案文化资源。

优化档案资源配置，提升档案文化资源建设，增加征集工作，提高档案资源的广度和深度。档案不仅可以被动地记录和反映历史，还可以直接参与人类的社会实践，并且为社会实践活动提供基础、条件、指示信息和精神动力。档案文化不但保存和继承中华优秀传统文化，而且还可以直接参与社会创新实践，进而发展先进文化。加强档案工作和其他行业的融合发展，加强其与卫生健康、医疗科研、社会诚信体系、知识产权保护等领域的合作，促进信息互联互通，持续完善档案文化资源数据库，丰富档案信息资源。充分利用资源共享和大数据技术，精准定位用户群体，构建安全的存储环境。提高档案文化资源的利用率，为档案文化资源用户提供高效精准的服务，丰富人民群众的文化生活。

积极推进国际交流与合作，加强档案对外交流。围绕"一带一路"国际合作高峰论坛等重大国事活动，加强对档案工作的指导。做好提前介入、及时跟进，实现档案的全面收集和规范整理、安全保管和及时移交等工作。做好重大国事活动的档案记录和服务，积极拓展双边和多边合作。积极申报档案文献遗产。在"十三五"时期，三组档案文献遗产入选《世界记忆名录》，六组档案文献遗产入选《世界记忆亚太地区名录》。"十四五"期间，以2022年北京冬奥会、冬残奥会为契机，积极启动奥运档案申报《世界记忆名录》。加强奥运档案开放利用、馆际交流与合作。积极参加国际档案理事会、国际档案理事会东亚地区分会各项活动。加强与国际友好城市之间的档案交流与合作，不断提升我国档案文化影响力。

档案文化为构建新时代中国特色社会主义文化价值体系提供了重要资料，也注入了生机与活力。档案文化能够满足人民的文化需求，提升我国文化软实力。深入挖掘档案资源的独特文化价值，通过档案文化价值服务国家社会文化经济发展。档案作为原始记录，是真实的记录和凭证，能够满足人民群众的需求，解决问题和纠纷，发挥积极作用，发挥民生服务保障功能。新时期的档案资源，利用先进的信息技术，极大地提高了档案的利用效率，能够把更加全面的档案信息提供给社会，助力经济效益和社会效益的提升，服务社会经济高质量发展。

二、开发档案的产品价值

档案文化产品是指利用档案生成面向公众的文化消费品，包括展览、讲座、出版读物、音频、视频等。档案文化产品是档案服务的一种形式，通过对档案元素的合理挖掘，提取转化传承了馆藏档案的形态风格，以满足广大人民群众的精神文化需求。展现特色创意，展现档案文化精髓，是档案文化内涵与科学技术和社会文化需求相结合的产物，是对档案进行的再加工和处理，从而实现档案的价值。

近年来，随着档案工作重心向服务民生转移，各级档案部门越来越注重开发档案文化产品，以满足人民群众不断增长的文化需求。档案中蕴含着人类社会活动的各种信息和丰富的历史文化知识，是人类智慧的结晶和经验的总结，是珍贵的精神文化财富。开发档案文化产品就是对档案信息资源进行整合、利用，使档案成为一种"活"的文化。开发档案文化产品应适应时代发展的需要,把握人民群众需求,坚持为人民服务,把最好的档案文化产品奉献给人民群众。

《"十四五"全国档案事业发展规划》要求加强档案文化创意产品开发,并逐步探索产业化道路。支持和引导各级地方综合档案馆根据自身需要进行文化专题档案的开发,以实现地域文化传播、宣传馆藏特藏、满足公众需求、服务地方经济的目标。随着现代科学技术广泛应用到档案文创作品的开发中,特色档案被开发成游戏、App、影视剧、表情包等,逐渐成为产业化开发的重要形式。例如,故宫博物院推出一系列文创产品及《故宫展览》等 App,给档案文化加上设计创意,实现档案元素和现代设计元素的结合,把抽象的文化转为视觉符号,通过解读档案元素给用户带来的心理、行为影响,提取核心元素,进行意境或造型变换,展现了档案文化内涵,发挥了档案价值,备受大众青睐。

将档案中的故事情节设计为解谜、挑战、推理等任务,设置合理的情节,实现动态开发。例如,苏州中国丝绸档案馆开发的《第七档案室》,体验者以调查员的身份,根据提供的线索和场景完成推理任务,跟踪一份藏于苏州织造署内的漳缎祖本。将档案开发为解谜游戏,实现特色档案的动态开发。

档案文化产品只有植根于现实生活、紧跟时代潮流,才能发展繁荣;只有顺应人民意愿、反映人民关切,才能真正充满活力,不断满足人民精神文化需求。档案文化产品,增加了对地域文化的了解,促进地方特色档案资源与其他文化创意的融合发展,深度开发馆藏档案的精髓。

三、开发档案的便民价值

档案能为群众提供精准有效的档案凭证,是档案部门服务人民群众、维护群众合法权益的重要手段,能为人民生产生活需要提供便利。档案提供利用是档案服务民生的一个重要表现。档案提供工作主要包括:档案资料向社会公众提供查询利用和咨询服务,承办政府信息接收、整理、公布有关工作,行政许可事项审批,网上政府中心在线咨询服务等。档案部门的职责为:强化档案服务意识,提高服务技能,细化工作流程;建立工作台账,统计分析利用情况;完善设备设施,提高服务条件和能力,确保档案信息安全;提高工作效率，满足档案用户对档案资料的合理利用需求，为档案用户提供方便快捷的服务。

　　档案的便民价值突出表现在民生档案的开发利用方面。民生档案是机关、社会组织和个人形成的与人民群众的生产、生活密切相关的档案，包括劳动就业、社会保障、教育医疗、食品安全、社会管理等民生领域内形成的档案。民生档案具有原始性、基础性、凭证性的特征，在解决民生的过程中发挥着重要的基础性作用。开展民生档案资源建设与整合以及民生档案的开发利用工作，是各级政府档案管理部门贯彻实施为人民服务宗旨和党的群众路线教育实践活动的重要举措。把保障和改善民生放在更加突出的位置，确保人民安居乐业、社会安定有序、国家长治久安。

　　全面改善民生，加快推进以改善民生为重点的社会建设，积极推动民生档案建设，贯彻新的发展理念，推动档案事业的高质量发展。数字时代的到来对民生档案信息服务有新的发展要求。2020年9月，我国出台了《关于加快推进新媒体深度融合发展的意见》，坚持以人民为中心的工作导向，坚持贴近群众服务群众，从档案用户的角度出发，提高广大档案用户的参与度，满足民生档案用户的个性化需求。搞好公共服务，增强服务意识，更好地服务发展，服务人民群众的生产生活。作为档案部门，要在"服"上下功夫，以民生档案为"服"的载体，达到"解难、惠民"的目的。在全面改善民生的时代背景下，国家档案局提出了从重事轻人、重物轻人、重典型人物轻普通人物的传统观念转变为重视所有涉及人的档案的价值；从重机关团体、轻个人利用，重机关团体服务、轻群众服务的传统观念转变为像重视机关团体利用那样重视人民群众利用，从而建立起覆盖人民群众的档案资源体系和方便人民群众的档案利用体系。加强民生档案的接收整理，形成条块结合、齐抓共管的民生档案管理新格局。增加民生档案收集，深入开发民生档案资源的价值，建立专题数据库，开展政府政务公开信息查询，开展形式多样的民生档案建设工作。真正做到档案服务于民，民生所向就是档案工作之所向，民生所需就是档案工作所趋。

　　民生档案是推动新时代档案发展的新理念和新目标，是档案开发利用的一项重要内容，是关注民生、保障民生、改善民生的重要环节之一。档案利用是档案服务社会、服务民生的一个重要窗口。档案利用工作主要包括四个方面内容：一是负责档案资料向社会公众提供查询利用和咨询服务；二是与政府政务信息公开接收、整理、发布有关的工作；三是行政许可事项审批；四是网上政务中心在线咨询值班工作。其中一项重要内容就是向社会公众提供查询利用和咨询服务。建立馆藏民生档案跨馆异地利用工作机制，实现档案资源的互通互联，为社会公众提供"就近查档、跨馆取档、可信可查"的便捷化服务，不断提高档案用户的满意度。

推动档案工作与其他行业的融合发展，如加强档案与医疗、科研、政府等的融合。加强对出生档案、学籍档案、学历档案、就业（失业）登记档案、婚姻档案、户籍档案、养老保险档案、医疗保险档案、健康档案、住房档案等的管理。推动档案服务进农村、进社区，跨馆跨地区查阅一站式服务。建立健全民生档案异地跨馆查询利用平台，提供学籍档案、婚姻档案、人事调动档案、职称档案、军转及复退军人安置档案、土地流转承包档案等 20 余种民生类档案异地跨馆查询服务，居民持本人有效身份证件就可提出异地跨馆查询服务申请，审核合格后，搜索相关关键字信息，即可进行民生类档案异地跨馆查询利用，让"信息多跑路、群众少跑腿"，更好地满足人民群众异地查档用档需求，扩展档案社会服务功能。档案用户可以通过融媒体的多种渠道，根据自身设定，选取自己所需的档案信息，提高档案信息的查阅效率。档案管理部门也可以通过对档案用户进行需求分析，开展档案信息个性化服务，通过完善民生档案公众号服务、优化微博发文内容等方式，借助智能化功能，准确把握档案用户的真实需求，优化发展档案信息服务，最大限度地满足档案用户个性化的需求，发挥民生档案便民服务作用。

新冠疫情期间，档案查阅利用服务通过电话、网络、传真、信函等方式，积极为群众提供"零接触"代查服务。大力推行预约服务和委托查档服务，赢得群众一致好评。

档案不仅是党和国家各项工作的真实记录，也是人民群众各方面生活的真实记录。充分发挥档案价值，为人民群众提供优质、高效、便捷的服务。

四、开发档案的个性价值

档案的个性化服务是指为档案用户"量身打造"的信息服务,所提供的档案服务都是根据档案用户的需求设定的,是通过能满足档案用户需求的方式实现的,是运用现代化的科学技术手段,在对档案用户需求的特点进行分析的基础上,对相关的档案资源进行收集、分类和整理,主动向服务对象推送个性化的档案信息服务,满足档案用户的实际需要。

档案的个性化服务以档案用户为中心,明确档案用户的实际需求,体现为档案用户服务的理念,注重对档案用户需求的收集、整理,通过大数据技术进行分析,最后进行匹配和输出,对档案管理信息系统进行实时的动态更新,精准服务,提升档案利用的工作实效。依托网络环境,可以为传统的档案用户服务。经过分类整理后,档案信息被不同层次的档案用户不受空间地域限制地实现统一检索、享受实时的档案服务,利用信息化技术,将档案资源转化为数字化档案信息,对电子档案进行收集、整理、保管、查询、利用等,建立档案数据库,为开展个性化的档案服务夯实基础。

档案用户呈现多元化的特点,对档案的需求各有不同,这就要求要不断加强档案资源体系建设,创新档案服务模式。档案管理部门要主动地获取档案用户的信息需求,通过互联网和档案网络管理平台,建立全新的个性化信息服务平台,查找相关档案信息,并将其推送给档案用户,实现主动服务档案用户的目标。

档案信息化建设是档案现代化管理的重要内容,档案管理人员应适应新时代的要求,转变档案管理观念,增强创新意识,不断创新档案管理方法,关注档案用户需求,积极构建档案大数据系统,为档案个性化服务提供保障;整合档案资源,采用先进的现代化信息技术,完善档案信息资源数据库;依托档案数据信息网络服务平台,合理开发档案信息化处理工具,实现档案的个性化服务;实时更新档案信息系统,将档案信息有针对性地及时呈献给档案用户;加强与档案用户之间的信息交流和协同合作,档案用户可以根据自己的实际需求定制档案信息服务,档案管理部门应根据档案用户的需求特点,积极主动为其筛选匹配最合适的档案信息并加强档案信息的动态调整;面向档案用户群体开展个性化服务，必要时也可选择第三方云技术公司提供的设备技术支持，从根本上解决传统档案工作效率低下和程序烦琐的问题，满足档案用户对档案信息数据的个性化、专业化需求，切实提升档案服务水平，进一步提升服务效能。

在提供档案个性化服务的过程中，充分保障档案信息系统和档案信息内容的安全，采取严格管控措施和技术手段，利用先进的科学技术对档案网上服务平台进行及时的升级，完善档案服务功能，消除安全隐患，提高服务效率，确保档案信息利用安全。

档案个性化服务模式要坚持为人民群众服务的宗旨，将为档案用户提供高质量优质服务作为档案管理部门的工作重心。档案个性化服务过程中要保持档案信息数据的实时更新，并保持动态调整。随着档案用户需求的变化及时更新档案服务内容，为档案用户提供实时的档案信息服务。积极构建档案信息主动推送智能平台，全面收集档案用户需要的档案信息及相关数据，经分析整理后通过档案智能平台呈现给档案用户，不断提高档案信息的流通性。档案智能推送平台还可以为档案用户推送档案电子数据库里存储的档案信息，体现档案智能化、现代化带来的便捷服务。

运用现代化的科学技术，加强档案信息采集、整理和开发工作，积极推进档案数字化进程，推进数字资源共建共享，充分发挥信息化在档案管理工作中的重要作用。推出档案个性化远程利用服务，根据档案用户的需要，提供实时的在线服务，线上办理档案借阅、归还、分类查询等服务项目，实现档案网上服务平台的互联互通，提供"异地查档、在线出证"等远程服务，特别是在新冠疫情期间，为了避免近距离接触，档案管理部门通过电话、网络平台、微信公众号等渠道，按照权限管理要求，为档案用户提供方便快捷的远程查阅和利用服务，利用多媒体技术，开展远程档案利用视频服务、网上档案宣传服务、举办线上档案展览等，充分利用档案信息化成果，扩大档案工作的影响范围，拓宽档案服务领域，丰富档案利用的方式和途径，充分发挥档案的重要作用。

档案个性化服务将对档案事业创新发展、高质量发展产生深远影响。面对新时代档案工作的发展变化，档案工作者应转变档案管理模式，由保守的被动式管理转变为积极主动的服务，不断提高服务主动性和服务质量；把握档案用户需求，结合大数据的筛选，增强档案信息服务的针对性，开展档案个性化服务，更好地满足不同档案用户的需求，实现为档案用户提供更加方便快捷服务的目标，进而更好地体现和发挥档案的社会价值和经济价值。

五、开发档案的共享价值

档案信息资源的共享，需要国民经济和社会的全面发展、国家信息化建设的不断深入、社会信息资源意识的日益增强。档案事业全面发展，可使档案信息资源和其他社会信息资源充分融合和综合利用。加强档案信息资源共享服务平台建设，实现档案资源面向更广阔的社会用户开放利用，促进档案数字资源跨领域、跨区域共享利用，从而打破时空局限，发挥档案资源的总体效能，增强档案的影响力。

档案信息资源共享要以服务民生为目标，档案信息资源平台也随着现代科学技术的发展而不断完善。2021年1月1日修订发布的《档案法》规定，国家推动档案信息资源共享服务平台建设，推动档案数字资源跨区域、跨部门共享利用。其明确指出了档案信息资源共享在新阶段我国档案事业发展中的重要位置和现阶段我国档案资源信息资源共享的发展方向。2021年6月，中共中央办公厅、国务院办公厅印发《"十四五"全国档案事业发展规划》，将推进档案信息共享平台建设作为"十四五"期间档案事业发展的主要任务，将档案信息化资源共享方面的要求集中在推进档案资源共享服务标准供给、推动档案馆与其他单位在档案文献资源共享方面合作、推进档案信息资源共享平台建设等方面，为档案信息资源共享研究指明了方向。

按照《档案法》的规定，制定档案信息资源共享的规章制度，细化档案信息共享多方面的相关内容，完善档案信息共享工作制度，建立档案信息资源共享体系，明确档案信息资源共享的标准规范，规范档案共享模式，明确共享档案信息的适用范围、使用条件及法律效力等内容，对于有密级的档案，不可以通过公开的方式开放共享。

档案信息资源共建是社会信息化环境下档案工作的重要内容，是档案部门积极主动提供服务、满足档案用户需求的必由之路。全面落实国家档案局加大跨区域档案信息资源共享平台建设力度的要求，实现档案信息资源共享目标，推进档案异地跨馆查询利用工作。目前档案管理平台建设已经取得了实质性成果。建立档案异地跨馆利用平台，实现各级档案资源共享，拓展档案为民服务的范围和手段，提升为民服务的能力、水平和效果，促进档案工作成果的广泛利用。加强跨界合作，推动多元化协同开发。积极开发档案作为数据承载者、信息传输者及知识传递者所具有的内在价值，从资源构建、内容挖掘等方面对档案进行开发，加强档案信息和其他领域的合作。

数字档案馆是数字时代档案馆的发展方向，为满足广大人民群众异地查档用档需求，实现档案信息化资源共享，加强档案利用体系建设，不断加大异地跨馆工作宣传力度，进一步拓展档案社会服务功能。档案管理实施"数字转型"战略，不断推进档案的信息化进程，为广大人民群众提供更加便捷、更加优质的查档服务。各级档案部门建立起数字档案室的基本框架，推进电子政务内网建设和电子档案平台建设进程，实现电子文件系统同档案数字化管理平台的对接工作，逐步实现文件网上归档、查阅和利用。档案管理部门官网和政府政务网开通查询口，以微信公众号信息公开、网上业务办理等方式，实现异地档案查询和"非接触式"办公服务的结合，服务大众，实现档案利用的最大化。

"长三角民生档案跨区域一体化在线查询平台"已于 2020 年 10 月 23 日正式上线，是我国首个跨省域的档案信息查询平台。在平台中可对婚姻登记档案、生育子女档案等档案信息进行查询。该平台上线后可以对档案信息进行查询利用。2019 年我国开始启动建设档案查询利用服务平台，2021 年年初已初步建成，2021 年 5 月具备接入条件，将逐步纳入档案馆平台，推进全国档案数字资源共享利用工作，实现档案异地查档及档案查询"一网通办"。2022 年 3 月，全国档案查询利用服务平台接入 270 多家档案馆，全年新增高水平数字档案馆（室）58 家。2022 年 7 月 6 日，在习近平总书记对档案工作作出重要批示一周年之际，国家档案局举办全国档案查询利用服务平台上线仪式。建设全国档案查询利用服务平台，建立便捷的档案信息资源共享利用联动新机制，实现全国档案信息共享利用"一网通办"，是国家档案局贯彻落实习近平总书记关于做好新时代档案工作的重要批示，更好地服务党和国家工作大局、服务人民群众的重要举措。全国档案查询利用服务平台是依托互联网，为社会公众提供档案查询利用的跨区域、跨层级的公共服务平台。社会公众可以通过访问国家档案局官方网站或直接输入网址 https://cxly.saac.gov.cn/ 进入全国档案查询利用服务平台，完成实名注册后即可登录。登录后可浏览查档须知、常见问题解答等信息，可选择目标档案馆，填写查档需求相关信息，提交查档申请。目标档案馆工作人员根据查档需求，在本馆检索相关档案信息，通过平台将查档结果发送至查档人账户，并采取电子邮件发送、快递邮寄、到就近档案馆自取、到目标档案馆自取等方式提供利用，社会公众足不出户就可以利用档案。目前，全国各省（自治区、直辖市）档案馆，各计划单列市、副省级市档案馆及新疆生产建设兵团档案馆都已接入全国档案查询利用服务平台，全国接入总数已超过1000家。国家档案局将继续推动各省级档案主管部门为目前尚未达到接入条件的单位创造条件，按照接入计划按期将各级档案馆全部接入，为社会公众提供更加优质、高效、广泛的档案服务。

档案信息资源共享平台将公开的档案信息汇聚到该平台中，做到档案信息齐全完整，档案用户查找档案信息方便快捷，全面提高档案的利用数量和利用效率，合理配置资源，节约社会成本。不断完善档案信息资源平台建设，开发档案管理系统，通过试用、修改和升级，提高系统的查询处理速度，解决电子档案扫描、图像处理及识别等难题，为更安全、精准地为电子档案管理服务，实现从传统查询向按需查询和精准查询转变。依托数字档案管理平台为社会各界提供优质高效的服务，使档案资源利用变得高效便捷，利用档案的凭证价值解决生活中的实际问题。

档案管理部门要加强技术支持，优化共享配置，快速准确地对档案信息进行加工处理，保证档案信息真实可靠；规范查询平台检索系统，方便档案用户查询和利用档案信息，提高档案检索的查全率和查准率，使档案数据准确、快速地满足人们的利用需求，提高档案用户获取信息的效率和准确度，提高档案信息资源的利用率，提高服务质量，实现档案"为民服务"的目标。

档案资源丰富，形式多样，结构优化合理，覆盖面更加广泛，档案的开放度、社会关注度、档案用户的满意度都达到了新水平,实现了"档为民开,档为民用"的档案利用目标,推动档案资源建设迈出新步伐。应加强档案事业的部门协同、区域协同、行业协同,鼓励、引导、规范社会力量参与档案事务。

第三节 档案信息资源开发的路径

一、丰富馆藏档案资源

按照《档案法》《档案法实施办法》《各级各类档案馆收集档案范围的规定》等,明确档案的移交接收要求,严格按照各级各类档案收集范围规定,扩大档案资源收集范围,做好多形式、多载体的档案收集工作,特别是加强国家重点发展战略和地方中心工作等重点领域档案的收集工作,关系国家安全、国计民生、公共服务、新兴产业等重点行业档案的收集工作,着力全方位收集反映党史、新中国史、改革开放史、社会主义发展史的档案材料。做好对重大活动、突发事件应对等活动档案的接收、征集、整理工作。

全面推行档案分类方法、文件材料归档范围、档案保管期限表"三合一"制度。规范档案归档工作,进一步规范档案的接收、移交工作,保证接收档案的质量和接收工作的顺利进行,保持档案全宗的完整性,不能随意分散。按《档案整理细则》等规定要求做好档案的整理工作,档案要齐全完整,统一进行分类整理,正确划分保管期限。优化档案接收工作流程,明确档案接收移交要求,严格把控档案质量,推动国家档案馆制定中长期档案接收规划,制订年度接收计划及实施情况报备制度,研究推动重要职能部门和国有企业档案以及对国家和社会具有重要保存价值的专业档案依法有序及时进馆。

围绕庆祝中国共产党成立100周年等重要时间节点、重大纪念活动,做好档案的收集整理工作。

面向社会广泛征集档案资料,特别是红色档案资料、名人档案资料、非遗档案资料等,不断丰富馆藏资源。加大档案征集力度,鼓励社会和个人向国家档案馆捐赠档案，健全档案价值鉴定和评估机制，对于确实具有较大社会保存价值但属于个人所有的档案资料，所有者愿意出售的，视具体档案资料的价值，经双方协商定价，进行有偿征购。

二、优化馆藏档案结构

馆藏档案质量是反映档案管理水平及档案管理质量的具体体现。目前我国综合档案馆的馆藏档案状况为：档案种类单调，文书档案所占比重过大；档案载体单一，纸质档案与非纸质档案比例失调；馆藏信息陈旧，影响利用效果。

在新征程上统筹推进"五位一体"总体布局、协调推进"四个全面"战略布局，迫切要求我们拓展档案工作覆盖面，扩大档案收集范围，全方位记录留存经济社会发展历史和进程。要想丰富优化馆藏档案资源，就要做到馆藏档案资源丰富、结构合理、门类齐全。馆藏档案应与社会状况、社会发展同步，反映形式多种多样，加强对各种载体档案的收集采集，包括纸质档案、声像档案、实物档案、电子档案及各种新载体的档案资料；加大对各种门类档案，包括文书档案、科技档案、专门档案等的收集工作。研究推定对国家社会具有重要保存价值的专业档案依法有序进馆，确保专业档案占市级档案馆馆藏档案比例不低于40%，区级档案馆馆藏档案比例不低于30%。全面做好声像档案、实物档案的接收工作，作多形式、多载体档案的接收。丰富档案载体和门类，改变档案单一的状况。对能够反映地方经济、社会、文化等方面的重大活动和突发事件，应及时收集整理，避免档案资料事后失散，还应积极鼓励开展口述材料、新媒体信息的采集工作。

馆藏档案是反映具有档案馆特定属性与特色的档案资料，是具有独特性和唯一性的正规档案资料，是能够供社会和个人学习、使用、借鉴的档案资料。区域不同，保存的馆藏档案也不相同，要体现地方特色。地方特色档案是指能够反映当地的文化、民俗、地理、民族、宗教等特色的档案，这些档案具有较强的地域性，能够较全面地反映一个地区的总体特征。做好这部分档案的收集和征集工作，能够使人们更全面、更真实地了解一个地区的历史和民俗，体现中华民族文化的多样性。

三、加快资源数字化转型

积极推进档案数字化进程，加强对档案数字资源的规划管理，逐步建立以档案数字资源为主导的档案资源体系。大力推进"增量电子化"，促进各类电子文件应归尽归，电子档案应收尽收。加大对电子档案的收集力度，加强电子档案的检测工作，确保电子档案的真实性、完整性、可用性和安全性。提高传统载体档案数字化成果数量和质量，确保数字化成果质量符合标准要求。建立电子档案目录，加快推进对重要档案数字化成果进行文字识别和语音识别。逐步建立档案管理平台，实现在线、离线电子档案的接收、管理和利用，建立数字档案管理系统和档案查阅管理系统，实现在线查阅利用档案。充分利用网络，开展档案发布、档案展览，实现档案资源的共享，进一步提升档案信息查阅、利用、服务效率和质量。对纸质文档进行全文扫描，建立查询目录，不断提高文书档案、声像档案等的数字化比率。"互联网＋时代"，网络传播媒体平台呈现多样性。通过网站、微信、微博、播客等传播平台，大大拓宽了档案文化传播主体的传播渠道，大大缩短了档案文化信息从编研到被广大群众阅读知晓使用的时间。档案文化传播的内容和形式不再受传统媒体发表门槛的限制，传播方式呈现多样性。

随着大数据时代的到来，数字政府建设逐步深入，"一站式"政务服务举措的推行，使档案的信息凭证作用愈发重要。大数据、人工智能等技术在电子档案管理中广泛运用。

大数据环境下，档案信息数据能够从流程、周期、反馈结果等多方面重塑工作模式，彰显档案价值。加强大数据、人工智能等新一代信息技术在数字档案管理方面的应用，推动数字档案优化升级，提高档案的数字化成果质量，实现数字档案的传播和保护。随着档案信息化的推进，存量档案逐渐实现电子化，电子档案信息资源日益丰富。积极探索破解在数据存储系统、格式转换及分析工具的选择等方面的难题，进一步提升大数据的应用能力。不断创新档案管理工作思路，改变传统档案服务模式，以全新的视角重新审视档案管理工作，实现从传统管理模式到服务型档案管理模式的转变。充分利用大数据和人工智能的优势，提供及时、形式灵活多样的档案服务，为档案管理工作的开展带来新的动力。积极探索档案信息与人工智能、数字化等技术深层次的合作和利用,优化档案数字化流程和路径内容,通过人工智能语音、图像、影视识别技术等对档案进行实时采集和上传数据。

广东、福建等地加大对档案馆库、档案信息化等档案基础设施建设的投入。四川成立以省委常委、秘书长任组长,省委网信办、财政厅等为成员单位的档案信息化建设工作领导小组,高位推动工作。杭州基本建成了"一键归档、一网通查、一屏掌控"的市域一体化数字档案智慧服务平台。

四、共建共享促进交流

《"十四五"全国档案事业发展规划》中提出"全面推进档案治理体系建设,提升档案治理效能"的重要任务。新《档案法》为档案治理提供了法律支撑,提出鼓励社会组织、人民群众等社会力量参与档案事业发展,推动档案事业多元共治局面的形成。

国家治理理念要求治理主体多元化,档案事业作为国家治理的重要领域,管理模式也要由单一档案部门管理向多元主体协同治理转变。档案部门与其他单位、部门建立密切的合作互补关系,为社会组织提供专业化、多样化、精准化的档案服务,社会组织通过直接或间接的方式参与到档案治理中来,在档案治理过程中呈现出一种互补的良好状态。社交媒体平台具有强大的信息载荷能力与信息展示功能,可以打破时空局限,整合档案信息资源。

坚持系统观念,搞好整体谋划。从纵向来说,档案系统在工作上要上下衔接;从横向来说,要加强与各有关方面的沟通协调,同时注重发挥高等学校、科研院所、新型智库和专家人才的作用,加大资源整合,促进规划落实。

强化档案舆论宣传,为档案开发利用体系建设提供可靠的思想保障。通过多种途径开展档案宣传工作,与大众媒体加强合作,采取多种有效的方式,增强全员服务群众意识,增强全民档案主体意识。统一思想,深化认识,营造氛围,采用现代化的管理理念,利用先进的科学技术,做好档案的开发利用。

加强档案工作与其他行业的融合发展,特别是加强档案工作与医疗、科研等行业的融合发展。充分发挥档案的凭证作用和参考价值,发挥档案在社会诚信体系方面的重要凭证作用，加强包括科研领域、知识产权保护领域等诚信档案的保存和共享利用。强调档案在卫生健康领域具有重要的参考价值，完善医院电子病例、电子健康档案，促进信息互联互通、共享使用。优化人事档案管理服务，减少人事档案管理中的约束，全面废除制约人才流动的政策障碍，促进人才有序合理流动。

档案工作从全球合作来看，截至 2021 年年底，我国已与 145 个国家、32 个国际组织签署了 200 多份共建"一带一路"合作文件。积极参与国际档案事务，深化双多边档案合作。推动档案馆与博物馆、图书馆、纪念馆等单位在档案文献资源共享方面加强合作，相互交换重复件、复制件或者目录等。进行资源优化组合，促进档案馆之间馆藏档案的共建共享，通过信息技术，实现档案资源远程查阅。

第四节　需要引起重视的三个问题

一、正确处理保守国家秘密与开放档案的关系

档案开放，是指国家档案馆按照法定权限将形成时间达到一定年限、无须限制利用的馆藏档案经过法定程序向社会提供利用的活动。为推进和规范各级国家档案馆档案开放工作，进一步加强档案管理，促进档案利用，充分发挥档案在党和国家各项事业发展中的作用，根据《档案法》《档案法实施办法》等法律法规的规定，制定了《国家档案馆档案开放办法》，并于 2022 年 7 月 1 日国家档案局令第 19 号予以公布。《国家档案馆档案开放办法》明确档案开放工作应遵循合法、及时、平等和便于利用的原则，实现档案有序开放、有效利用与档案实体和信息安全相统一，最大限度地满足档案用户对开放档案的利用需求。

《国家档案馆档案开放办法》共六章三十四条，重点围绕便利公众利用开放档案，在拓展档案利用渠道、简化档案利用手续、改善档案利用服务条件等方面作出了具体规定。《国家档案馆档案开放办法》要求档案开放服务要

提供多种利用途径，国家档案馆设置专门的档案利用场所提供现场利用服务。同时，还可通过信函、电话、网站、电子邮件和互联网政务媒体等多种方式提供档案利用。统筹建设档案开放利用平台，推动档案跨区域共享利用。新修订的《档案法》已赋予外国组织和外国人与我国组织和公民同等利用开放档案的权利，因此国家档案局废止了原有的《外国组织和个人利用我国档案试行办法》，外国人、无国籍人、外国组织利用国家档案馆已经开放的档案，适用本办法。

随着《国家档案馆档案开放办法》的贯彻实施，各级国家档案馆将会以更加积极的姿态做好档案开放工作，更好地服务党和国家工作大局，不断满足人民群众利用档案的需求。各级档案馆加快档案开放步伐，北京、江西等地开展档案开放鉴定攻坚行动，力争到2025年实现馆藏档案"应开尽开"。

档案开放是一项政治性和政策性很强的工作，国家档案馆需要在符合国家有关保密、国家安全、信息保护等法律法规规定的前提下开展档案开放工作。《国家档案馆档案开放办法》要求国家档案馆不断提高档案开放工作水平，既要在经开放审核后及时开放档案或提前开放档案，尽最大努力提高开放档案比例，又对延期开放档案的情形作出了明确规定。对涉及国家安全或者重大利益以及其他到期不宜开放的档案，涉及知识产权、个人信息，开放后会对第三方合法权益造成损害的档案可延期向社会开放等进行了详细阐述和规范。坚持按照权限、规则和程序实施档案开放。《国家档案馆档案开放办法》在档案开放权限方面，最大的特点是：要求建立馆藏档案开放审核协同机制，明确档案开放职责是多方共同承担的，而非国家档案馆独自完成的；在规则方面，针对常规、提前和延期三种情形明确了时间、标准、审批等不同处理规则，特别是对于延期开放档案，国家档案馆要会同档案形成单位或者移交单位依法依规确定具体标准和范围，并将延期开放档案目录报同级档案主管部门审核；在程序方面，通过完善的档案开放制度设计，提升档案开放的计划性和规律性，并将档案主管部门、国家档案馆、档案形成或移交单位三方职责履行在程序中一一体现。

《国家档案馆档案开放办法》主要内容可归纳为：明确一个原则、区分三种情形、规定五项程序、提供多种利用途径。明确一个原则，即档案开放工作应遵循合法、及时、平等和便于利用的原则。这一原则明确了国家档案馆档案开放工作的方向，要求在严格遵守国家法律、行政法规和有关政策规定的前提下，更好、更及时、更平等地服务公民，要以方便档案用户为出发点，最大限度地满足档案用户对开放档案的利用需求，从而充分实现档案馆的服务功能，发挥档案资源的价值。区分三种情形，即常规开放、提前开放和延期开放。对于常规开放，按照新修订的《档案法》的要求，将各级国家档案馆档案开放期限从30年缩短至25年；对于提前开放，经济、教育、科技、文化等类档案，与民生息息相关，社会利用需求高，经开放审核后可以少于25年向社会开放；对于延期开放，细化了延期开放档案情形和审批要求。规定五项程序，即档案开放工作按照计划、组织、审核、确认、公布的程序开展。各个环节均明确相应的工作主体和责任部门，尤其在审核环节明确国家档案馆与档案形成单位或者移交单位共同构成档案开放审核主体，进一步规范了共同审核的有关流程和要求。提供多种利用途径，即单位和个人持有合法证明可以利用国家档案馆已经开放的档案，国家档案馆设置专门的档案利用场所提供现场利用服务。同时，还可通过信函、电话、网站、电子邮件和互联网政务媒体等多种方式提供档案利用。统筹建设档案开放利用平台，推动档案跨区域共享利用，方便人民群众查档用档。

　　国家档案馆负责各自分管范围内馆藏档案的开放。国家档案馆的档案应当依照有关法律、行政法规的规定进行开放审核，但对于包含有涉及公民隐私和国家机密的档案资料，不得予以公开。在档案开放进行鉴定时，划分档案开放与控制使用，对社会开放会损害个人声誉和权益的，如：政治审查和党纪政纪处分等材料，刑事和犯罪处理、公民个人和家庭的自然状况和经济状况等档案材料，不应公开。对于会涉及党和国家秘密的，包括国防、外交、公安、国家安全等国家重大利益以及处理党内和人民内部矛盾的，涉及我国经济、科学技术、资源等重要问题以及其他影响党和国家利益的档案，档案馆应当根据有关法律法规来确定不开放或延期开放。《保密法》第十九条规定："国家秘密的保密期限已满的，自行解密。机关、单位应当定期审核所确定的国家秘密。对在保密期限内因保密事项范围调整不再作为国家秘密事项，或者公开后不会损害国家安全和利益，不需要继续保密的，应当及时解密；对需要延长保密期限的，应当在原保密期限届满前重新确定保密期限。提前解密或者延长保密期限的，由原定密机关、单位决定，也可以由其上级机关决定。"因此，在进行档案开放鉴定时，应分析档案的密级和保密期限的变化。

二、定期开展保管到期档案鉴定销毁相关工作

档案的鉴定工作是为了使有价值的档案更好地保存下来，达到既完整又精炼，以维护党和国家历史真实面貌的目的。档案鉴定是对保管期限已满的档案的保存价值进行审查，重新划定具有保存价值的档案的保管期限，确定其是否销毁或继续保存的一项复杂工作。档案销毁是指经过鉴定，对失去价值的档案做毁灭性处置的过程。档案鉴定与销毁是一项既严肃又细致的工作。

为加强档案管理，优化档案馆藏档案的质量，提高档案库房、设施的有效利用率，定期开展档案的鉴定销毁工作。将档案鉴定工作纳入机关档案管理制度中，使档案的鉴定销毁工作依法依规有序开展。由于档案的数量和种类大大增加，档案的价值和密级也不断发生变化，这都要求档案工作人员必须及时开展档案的鉴定与销毁工作，这样才能够使有价值的珍贵档案更好地发挥作用，提高查档效率。对于档案的管理不能片面地追求从长保管的原则，而是要有区别、有重点地保存档案资料，定期鉴别档案的价值，使真正有价值的档案得到妥善保管和及时利用。

按照《档案法》《档案法实施办法》《档案鉴定销毁工作规定》《档案保管期限表》等，全面分析档案的现实作用和历史作用，准确划定档案的销毁范围，对保管期限届满的各类档案定期进行鉴定与销毁。档案鉴定与销毁工作由档案鉴定销毁领导小组负责。档案鉴定销毁领导小组由主管领导负责、档案管理部门牵头、相关职能部门组成。档案鉴定销毁领导小组具体审查档案内容，提出"存毁"意见。对仍具有保存价值的档案，划定保管期限；对失去保存价值的档案，编制销毁清册。档案鉴定销毁领导小组编制档案鉴定工作报告，包括鉴定工作的目的和要求，鉴定档案的种类、项目、数量，鉴定委员会成员名单及有关情况，鉴定工作的过程及基本做法，鉴定中调整和销

毁档案的数量，鉴定中取得的基本经验和存在的问题等。档案鉴定销毁领导小组根据国家有关档案保管期限的规定，对本单位保管期限届满的各种载体的档案资料及时进行鉴定。销毁档案要有严格的手续，对被鉴定的各类载体的档案资料要严格按照该门类档案的保管期限逐卷逐件进行鉴定审查，准确判定档案的存毁意见，剔除无保存价值的档案，以便销毁。经鉴定确无保存价值的档案，填写档案销毁清册，档案鉴定销毁领导小组将档案鉴定情况写成报告，连同档案销毁清册报请审批后，方可实施档案销毁。档案鉴定销毁领导小组指定两个以上监毁人员，监毁人员要根据档案销毁清册，认真核对档案材料，待确定无误后在指定地点进行档案销毁，并在档案销毁清册上签名。档案销毁清册要永久保存。鉴定销毁的各种记录材料应妥善保管，作为档案管理部门的历史记录备查。已销毁的档案，应在案卷目录上注销。认真填写档案鉴定表，并由鉴定领导逐一审核，确认无误后，签署意见。档案鉴定过程中形成的鉴定工作的申请、报告、销毁清册等材料应立卷归档、妥善保存。任何单位和个人严禁擅自销毁档案，违者将按有关规定给予处罚。

三、落实档案处置、国有档案普查与非国有档案登记制度

根据《档案法》等相关法律、行政法规，开展国有档案资源普查，基本摸清国有档案资源家底。国家重点档案信息普查主要分馆藏纸质国家重点档案、馆藏特种载体国家重点档案及馆藏重要档案三项内容进行。普查信息采集涉及全宗名称、全宗号、案卷号、案卷名称、起始时间、终止时间、卷内件数、卷内页数、有无文件级目录、有无文件级季度目录、档案状况、是否数字化、是否缩微、是否开放等。按照国有普查要求，认真组织馆藏重点档案信息普查工作，对列入范围内的档案进行认真细致的登记和审核，确保普查工作真实、准确。

为规范国有企业在资产与产权变动中的档案处置工作，确保档案完整安全，防止国有资产流失，维护企业合法权益和职工切身利益，制定了《国有企业资产与产权变动档案处置办法》，规定档案处置工作流程包括：确定待处置档案范围，清点档案数量。收集、整理尚未归档的文件材料。按照有关规

定做好档案的鉴定工作。鉴定工作由企业分管档案工作的负责人和档案、财务、法务等部门人员共同负责；国有企业破产的，由破产管理人（清算组）负责。对拟销毁的档案编制清册，按照档案销毁程序予以销毁。销毁清册随国有企业资产与产权变动中形成的其他文件材料一起归档，永久保存。对拟留存的档案按照规定调整密级并划分控制使用范围，根据档案处置方案确定的归属与流向编制移交清册，移交档案。做好资产与产权变动中形成的文件材料的收集、整理、归档和移交工作。制定资产与产权变动期间的档案利用制度，做好档案利用工作。

研究探索非国有企业档案资源登记制度。引导非国有企业、社会服务机构规范建档。非国有档案，是指各类非国有组织或个人形成或合法获得并享有所有权的档案，随着非国有经济在国民经济中的比例不断增加，民间社会组织迅速发展，非国有档案在社会事务中的作用越来越大，非国有档案中所包含的对国家和社会具有现实意义和历史意义的档案越来越丰富，非国有档案是国家档案体系的重要组成部分，因此要加强对非国有档案资源的管理。非国有档案管理者要建立科学的管理制度，配置重要的设施，提供良好的保管条件，确保档案的安全，非国有档案的鉴定、销毁、解密、公布和利用要按照国家有关法规进行，禁止擅自销毁档案，禁止不正当的转让、赠送、外卖和出境等。要加强对非国有档案的有效监管，继续加强明确对非国有档案实施监管的法律条款，明确监管主体、监管权限等。非国有档案资源登记制度就是落实对非国有档案监管的措施。国家对非国有档案适度干预，非国有档案中对国家和社会具有现实意义和历史价值的档案应列入国家的监管范围，档案主管部门要把监管与服务结合起来，在对非国有档案监管的同时帮助非国有档案所有者提高档案管理与利用水平。加强非国有档案备案登记制度，把对非国有档案的监管落到实处。完善非国有档案管理法律法规，不断完善配套措施，建立和完善非国有档案备案登记制度。国家档案局分别于2017年和2019年开展了两次企业档案资源开发利用案例征集活动，通过典型引领，带动全国企业创新档案资源开发利用的方式、方法和技术，显示了档案资源开发利用工作是档案工作围绕中心、服务大局的集中体现，引导企业档案工作持续健康发展。

第三章　新时期档案治理体系建设的三大着力点

第一节　完善档案的基础设施建设

一、促进档案馆库建设与管理

加强档案基础设施建设是档案管理工作的重要保障。

不断提高对档案管理工作的重视程度，加强经费保障，将档案工作发展列入预算，达到资金使用效益最大化。新修订的《档案法》规定，坚持中国共产党对档案工作的领导，各级人民政府应当加强档案工作，把档案事业发展经费列入政府预算，确保档案事业发展与国民经济和社会发展水平相适应。把档案事业纳入国家经济社会发展规划，有利于对本行政区域内如何开展档案工作作出整体部署。将档案事业发展经费列入政府预算，充分保障了档案事业发展所需要的人财物，从总体上促进档案事业的发展，为档案事业创造良好的发展环境，为发挥好档案工作对经济社会发展的基础性、支撑性作用提供了物质保障。科学合理地核定档案工作经费，筹措资金支持档案工作，切实加强资金监管，提高使用效益，合理安排经费，做好档案管理工作，不断完善档案的基础设施建设，积极协调解决档案工作的困难和问题，为档案管理工作提供有力的经济支撑，夯实档案的基础设施建设，保障档案管理工作的顺利开展。

档案库房是保管档案实体的重地，是档案信息资源的中心，是档案管理工作的主体。档案的集中统一管理有利于档案的保护，只有充足的档案管理经费和库房，才能有序管理不同类别、不同载体的档案。

二、档案馆的设置与布局

按照档案馆设备配备标准，科学规划档案库房的设置和布局，按照我国《档案馆建筑设计规范》，纸质档案库房的温度标准为 14～24℃，湿度标准为 45%～60%，要注意防范库房高温，以免过热致使树脂、石蜡软化，影响字迹和纸张结合。温度高时，纸质档案会产生化学反应，会产生字迹扩散、字迹模糊不清等现象，产生热老化，降低纸张的韧性，造成档案损坏。根据档案制成材料的物理和化学性质及变化规律，采用科学的技术方法保护档案，最大限度地延长档案的保存寿命，提高档案的耐久性。对易损的支撑材料和字迹，可采取复印、拍照、摘录等方式复制，制成复制品提供服务，以保护档案原件安全。对传统载体档案实现数字化，整理、查阅、编研、开发及利用等各项工作的开展，都不再动用档案原件，也对实体进行封存管理，从而减少了对档案的各种人为损害和自然侵害，大大提高了档案的安全系数。档案密集架、档案盒等档案装具规范标准，在技术要求、生产工艺等方面符合质量标准，主要技术指标应达到相关质量要求。

严格按照档案库房管理要求，建立健全档案库房日常管理，严格按照制度规定，贯彻"以防为主，防治结合"的原则，完善档案管理责任制，落实档案管理岗位职责和责任机制，责任到人。做好档案库房的安全管理工作。档案库房中保存的档案，是不可再生的，一旦发生火灾或危险，将造成不可估量的损失。重视档案安全，提高档案安全防范意识，做好安全检查，扎实做好档案库房的安全管理工作。安装甲级防盗门，为档案库房配备消防系统，配备自动报警设备，并定期进行检查、更换。配备防火、防盗、防尘、防虫、防光、防晒、防潮、防霉、防高温等基本保护设施，做好温湿度查验和记录，确保设施设备齐全，建立健全人防、物防、技防三位一体的安全防范体系，实现恒温恒湿。对档案库房内外进行保洁工作，对进入库房的档案要进行消毒、除尘、去污，以防止有毒有害物质、虫霉进入库内。

加快档案设施设备配备和更新，不断提升档案管理的基础设施条件。为实现电子档案载体的高效集约化管理，全面覆盖不同种类载体保存条件，应建设智能档案库房系统。建立智能档案库房环境监控系统、智能区域控制器，实时采集库房内的温湿度数据，并将数据通过中转控制终端上传至控制微机，通过LED大屏实时显示；进行恒湿净化消毒控制，通过环境传感器检测数据，当环境指数超过设定范围，控制主机开始开启除湿净化一体机，使库房环境达到存放档案要求；恒温控制，环境传感器采集温度信号，通过空调控制器控制库房温度。智慧档案库房建设，主要包括库房温湿度控制系统、新风系统、档案库房准用消防系统、烟雾感应检测系统、红外线防盗报警系统、视频监控系统、门禁管理系统、漏水检测自动报警系统、智慧存储系统、数据分析系统等若干系统。通过建设智能档案库房，有效兼容不同类电子档案载体保存条件，消除安全隐患，提高载体使用寿命，结合数据检测实现档案数据信息与电子档案载体库房全区域监测。

三、高标准推进数字档案馆建设

加快传统载体档案的数字化，加强档案室基础设施、应用系统、数字资源及保障措施建设，实现"全面覆盖、均衡发展、以点带面、梯次推进"的总体目标。为达到国家档案局指定的数字档案室评价基本标准，应建立功能齐全、技术先进的高水平数字档案室。建成接收顺畅、管理科学、安全便捷的数字档案馆系统，实现档案数字资源的在线接收和共享利用。

2021年宝鸡市档案馆成功创建为国家级数字档案馆，在陕西省率先完成数字档案馆建设试点任务。宝鸡市档案馆加快档案平台建设，完善大数据平台建设，实现信息传递的交互性、开放性、便捷性和及时性，为档案信息和服务精准地推送给用户提供强大的数据支撑；不断提升数据处理和应用能力，实现档案信息的异地查询预约；及时发现分析不同人群的服务需求，分析档案用户利用需求，精准定位服务重点；不断拓展档案管理工作范围，提升服务能力，通过提供更加优质方便的服务，让更多的人了解档案、关注档案、尝试从档案资源中获取自己所需求的各种信息，为档案信息利用提供依据，提高档案的利用效率。

"十三五"时期，全国数字档案馆建设取得了可喜成绩，建成了一批以档案数字资源为核心、安全管理为保障、便捷利用为目标的数字档案馆，共建成41家全国示范数字档案馆和89家国家级数字档案馆。全国数字档案馆基础设施更加完备，数字档案馆系统功能日趋丰富，有效解决了档案业务工作中的痛点、难点问题。数字档案馆对于提高档案收、管、存、用各项业务的精细化、规范化、科学化、高效化起着关键作用。要深刻认识数字档案馆建设的重要意义，大力推进数字档案馆建设。

"十四五"时期，要深入贯彻落实习近平总书记对档案工作的重要批示精神，严格按照新修订的《档案法》要求，紧紧围绕《"十四五"全国档案事业发展规划》，全方位、高质量地加速推进数字档案馆建设。档案主管部门是数字档案馆建设主体，要切实担负起推动地区数字档案馆建设的主体责任，以《数字档案馆建设指南》为基本依据，按照统一领导、分级负责的原则做好统筹规划、协调推进和监督指导工作，通过强化组织协调、完善标准规范、举办宣传培训、加强人才建设、争取资金保障等有效措施，因地制宜、精准施策，有计划、分步骤地全面推进地区数字档案馆建设，全面提升档案信息化水平。在基础设施、应用系统、档案数字资源、安全保障体系、利用服务五个方面加大建设和实施力度，改善档案馆的发展环境，满足国家综合档案馆建筑规范的信息化用房面积要求，充分考虑多功能区域信息化建设需求，有效保证信息化建设设施、设备，围绕档案资源体系、档案利用体系、档案安全体系，建设档案资源管理系统、档案服务管理系统和档案安全管理系统，构建档案馆一体化管理平台，融入智慧城市建设中，努力打造现代化、智能化、数字化、生态化的档案馆。

根据数字档案馆的原则开展业务能力建设项目，配备主机房、网络平台、监控系统、供电保障等设施设备，为满足数字档案馆各项功能需求夯实基础。积极构建智慧档案综合管理平台，通过在政务网、局域网、互联网分别建设档案收集、管理、保存、利用应用系统，实现各类新型电子资源前置管理与有效处置。档案收集系统通过电子档案的在线采集，对接收的各类数字档案信息进行整理、分类，使无序的信息有序化，并实施有效控制。档案保存系统利用先进的电子存储设备实现数据的长期保存,实现至少三份拷贝存在两种以上不同物理介质上。档案的利用系统,满足人民群众查档需求,实现信息共享、开发利用功能。

大力推进"增量电子化",继续做好"存量数字化",推动实现电子文件应归尽归,电子档案应收尽收。要运用先进可靠的技术手段,制定并实施相关配套制度,确保档案数字资源的安全保管和高效利用。数字档案馆建设工作开展相对薄弱的地区要充分发挥后发优势,在推动工作中解决问题,力争尽快取得突破,要多措并举,大力推进中西部地区数字档案馆建设,国家档案局将通过加强业务指导、组织推进会、开展专项培训、进行对口扶持等方式,确保中西部地区建成高水平数字档案馆。要在数字档案馆建设中同步规划实施档案信息安全体系建设,压实信息安全责任,完善档案网络、信息系统和安全保密防护体系;扩大信创系统及设施设备的应用范围,不断提高档案信息安全防护水平,努力实现数字档案馆的可管可控。加快数字档案馆建设,进一步推动档案管理现代化。

第二节 加强档案的基础业务建设

一、建立档案基础工作治理体系

深入贯彻落实习近平新时代中国特色社会主义思想,发挥服务党和国家中心工作、服务经济社会发展、服务民生需求等方面的重要作用,激发社会各界支持参与档案事业发展的积极性、主动性。加强党对档案工作的领导,建立健全档案工作机制,落实规划组织实施责任,细化任务分工,加强监督管理,明确了推进"四个体系"建设的具体任务和责任要求。

坚持党对档案工作的领导,压实各级党委主体责任,推进新时代档案工作的思路举措,强化各级政府职责,完善与新修订《档案法》的实施相适应的管理体制和工作机制,增强各级档案主管部门统筹谋划和指导协调能力,加强基层档案机构履职能力建设。科学规划档案馆设置和布局,明确职责,理顺关系。落实各级党委对档案工作的领导责任，把档案工作开展情况纳入地方党政领导班子和领导干部综合考核评价内容，全面建立和落实档案工作责任制，优化档案工作检查考核机制，配齐配强档案机构和工作力量。

健全的管理体制是档案管理工作健康可持续发展的根本保障，健全档案管理体制机制，科学合理设置档案管理机构部门，明确档案管理人员职责，各负其责，档案管理工作运转顺畅，建立健全档案管理网络，构建科学合理的档案管理制度体系。将档案管理体系纳入行业部门管理体系中，提前谋划、科学布局，把档案工作开展情况纳入领导班子综合考核评价内容，把档案工作纳入本单位年度发展规划，把党管档案工作落实到实处。立足档案工作职能职责加强统筹谋划，制定工作方案，明确任务清单，组织精干力量，切实抓好落实。

深入抓好"十四五"档案事业各项重点任务落实，进一步分解细化目标任务，明确"十四五"时期每年做什么、怎么做、取得什么成效，定出任务书，排出时间表，绘出路线图，对重要任务、重大项目实行"挂图作战"，制定"十四五"规划实施情况评估办法，结合规划实施抓好年度重点任务落实。对规划提出的"七大工程"等重大任务，迈出实质性步伐，取得阶段性成果，重点突破，以点带面，推动规划落实。坚持问题导向，加强调查研究，针对影响制约档案事业转型高质量发展的瓶颈问题和"四个体系"建设的重点难点问题，要摸清情况、找准症结，群策群力、攻坚克难，出实招、下狠劲，扎实有效解决。在规划实施的不同阶段，提前对规划的重点、方向和具体任务进行预判断，通过持续的监测评估，使规划实施的对应措施更加有效。

1. 加强档案资源质量管控

坚持依法治档案，按照新修定的《档案法》规定要求，理顺工作机制，完善档案接收、档案管理、档案开放、档案信息化建设等规章制度，使档案管理工作法治化、规范化，理顺工作机制，工作分工明确，责任到岗，高效运行，使各项工作有序衔接，确保档案管理各项工作有序推进，扎实推动档案管理各项工作。加强机关、团体、企业事业单位各门类档案集中统一管理。全面推行档案分类方案、文件材料归档范围、档案保管期限表"三合一"制度，规范建档工作，提高归档文件质量。深化档案检索工具、全宗介绍、组织沿革、大事记、全宗卷编制工作，提升内容管理水平。统筹重大历史事件、重大活动、突发事件应对活动等档案专题数据库建设。继续推进产权变动企业档案处置工作。进一步规范村、社区建档工作，重点提升农村集体产权制度改革、新型经营主体培育、农业科技发展、人居环境整治、劳动力和人才社会性流动、社会优抚、社会救助、就业服务、社会治安综合治理等与人民群众生产生活密切相关事项档案的质量，更好地服务和支撑基层社会治理。定期开展保管到期档案的鉴定处置工作。

2. 加快档案资源数字转型

加强国家档案数字资源规划管理，逐步建立以档案数字资源为主导的档案资源体系。大力推进"增量电子化"，促进各类电子文件应归尽归，电子档案应收尽收。地级市以上国家档案馆全部具备电子档案接收能力，电子档案在档案资源体系中占比明显提升。继续做好"存量数字化"，中央和国家机关传统载体档案数字化率达到80%，中央企业总部传统载体档案数字化率达到90%，全国县级以上综合档案馆档案数字化率达到80%。

国家档案局印发《关于进一步加强机关业务系统电子文件归档与管理工作的通知》（以下简称《通知》），明确了业务系统电子文件归档与管理工作的总体要求、主要任务和工作安排，并提出了推进业务系统归档工作的思路、模式与方法。

规范有序开展业务系统电子文件归档与管理工作：一要健全业务系统归档制度规范，推动建立完善的业务系统归档管理制度和技术规范；二要完善业务系统归档功能，保证业务系统能够按照档案工作要求完成电子文件形成、收集、整理、归档工作；三要推进业务系统与档案系统有效衔接，通过归档接口实现业务系统与档案系统之间的信息交互和集成；四要不断提升数字档案资源建设质量和管理水平，实现业务系统归档全流程安全可控、科学规范管理。

3. 加强重点领域档案工作监管

重点领域档案具有发展快、创新性强的特点。重点领域档案管理需要大胆创新，引入新理念新思维，采用新方法新路子，根据重点领域特点建立档案工作监管模式，推动档案查询利用服务延伸到农村，促进农村档案公共服务便捷化。通过科学数据和科研档案协同管理，进一步完善科技重大专项、重点研发计划、各类基金等科研项目档案的监管工作。

重点领域，是指国民经济和社会发展中起关键作用和重要作用的领域。加强重点领域档案工作监管，对于全面推进档案治理体系和治理能力现代化建设具有重要意义。

档案工作是支撑经济社会发展的一项基础性工作，应找准档案工作服务国民经济和社会发展的切入点。《中共中央关于制定国民经济和社会发展第十四个五年规划和二〇三五年远景目标的建议》明确了未来五年中国经济社会发展的改革开放多个重点领域的思路和重点工作。这些重点领域包括科技创新、产业发展、国内市场、深化改革、乡村振兴、区域发展、文化建设、绿色发展、对外开放、社会建设等，对于这些重点领域的档案工作应予以监管，有利于提升档案围绕中心、服务大局的能力和水平，更有利于提高档案工作在国家治理体系和治理能力现代化中的作用，促进档案事业的高质量平衡发展。档案发展水平不平衡，农村农业档案工作方面整体比较薄弱，发展不平衡，区域发展差距明显；科技档案资源共享利用需求远远得不到满足，在军工档案管理方面，军工档案馆的定位需要进一步明确。通过加强档案监管，促进档案工作持续健康发展，提升档案工作围绕中心、服务大局的能力。

《"十四五"全国档案事业发展规划》中"全面推进档案治理体系建设，提升档案治理效能"部分规定，加强重点领域档案工作监管。围绕促进区域协调发展，完善区域档案管理体制，加强对京津冀协同发展、长江经济带发展、粤港澳大湾区建设、长三角一体化发展、黄河流域生态保护和高质量发展等区域档案工作监管，创新协同监管模式。围绕乡村振兴战略，完善农业农村档案管理体制，推动建立县、乡（镇）、村三级密切配合长效工作机制，鼓励有条件地区建立乡（镇）档案馆，有需要的地方实行"村档乡（镇）代管"模式，助力提升农村基层治理能力。围绕创新驱动发展战略，强化财政资金支持科研项目档案工作监管，大力推动科学数据与科研档案协同管理。围绕国防建设，建立国防军工重大专项档案工作协调机制，强化国防领域重大工程档案监管。

国家档案局印发的《关于认真学习贯彻习近平总书记重要批示的通知》

提出，要扎实推进脱贫攻坚和疫情防控"两类档案"的归集工作，确保档案应归尽归、应收尽收；围绕促进协调发展，完善区域档案管理体制，加强档案治理体系建设；加强重点领域档案监管，根据国防建设的现实要求，建立国防军工重大专项档案工作协调机制，加强国防领域重大工程档案监管；针对涉外企业档案管理工作的复杂性和敏感性，加强企业涉外档案监管、企业档案数据出境监管。

4. 加强档案工作奖惩措施

在"十三五"期间，档案人才队伍建设取得进步，人才培养力度持续加大，首批106名全国档案专家发挥作用明显，一批先进集体和先进工作者受到表彰。完善激励约束机制，激发和保护各部门各单位档案安全工作的积极性。广大档案工作者从习近平总书记的重要批示中深刻体会到党中央对档案工作的高度重视和关心关怀，进一步增强了履行"为党管档、为国守史、为民服务"职责的神圣使命感，干事创业的精神空前激发。建立档案工作奖励和责任追究制度，强化档案管理工作意识，保障档案管理工作的顺利进行。

建立档案安全管理工作制度，将档案安全工作纳入年度考核机制，对档案安全目标管理先进的部门、单位要定期予以表彰，对在档案安全工作方面表现突出的个人，要充分予以肯定并表彰。对在重大专项档案管理工作中作出突出贡献的先进集体和个人，有关单位要给予表彰和奖励。

建立健全档案安全事故问责机制，严肃事故责任追究。加强对事故隐患的事前问责和事故发生之后的责任追究。因工作失职、渎职或未按规定程序履行职责，导致安全管理体系不健全、安全防范措施不完善、工作推进不得力、安全隐患得不到治理的，要依法追究相关领导的责任。发生档案安全事故的，要按照《档案法》《档案法实施办法》《档案管理违法违纪行为处分规定》等对档案管理违法违纪行为予以查处，严肃追究直接责任人和第一责任人责任。有档案管理违法违纪行为的单位，其负有责任的领导人员和直接责任人员，以及有档案管理违法违纪行为的个人，应当承担纪律责任，由任免机关或者监察机关按照管理权限依法给予处分。事业单位工作人员有档案管理违法违纪行为的，按照《事业单位工作人员处分暂行规定》执行。要坚持失职追责，同时要加强对档案中介服务机构的监管，对于造成或发生档案安全事故的，要依法追究其法律责任，并建议相关部门予以严肃处理。

二、创新档案治理工作方式方法

新一代信息技术的广泛应用，如数字经济、政务服务线上线下一体化等快速发展，档案工作环境、对象、内容发生巨大变化，更是迫切要求我们创新档案工作理念、方法、模式，加快档案信息化战略转型，不断创新档案管理方式方法。

为进一步理顺档案工作体制机制，档案机构改革后，党委办（档案局）作为档案工作主管部门，应切实担负起档案行政管理的政治责任和法定职责，将党管档案工作的制度优势充分发挥出来，配足配好人员力量，确保档案工作有力有效开展。各地要坚持从实际出发，正确处理好局与馆的关系。档案局的行政职能要聚焦抓规划引领、抓监督检查、抓队伍建设，有关业务指导工作可以依法依规委托给档案馆来做。积极探索实践，促进形成档案局、馆既科学分工又密切协作的有效机制，特别是在市县基层，只要有利于落实党委对档案工作的领导、有利于推动档案事业发展、有利于加强档案干部人才培养和队伍建设的做法，都可以大胆探索、试点先行。

认真贯彻落实《"十四五"全国档案事业发展规划》提出的"十四五"时期档案事业发展目标任务，落实《"十四五"全国档案事业发展规划》实施方案，明确了推进"四个体系"建设的具体任务和责任要求。总结推广档案工作服务农村基层社会治理试点经验，更好地服务乡村振兴战略。总结推广长三角档案工作一体化发展模式经验，深化京津冀、长江经济带、粤港澳大湾区、黄河流域生态保护和高质量发展等国家重大战略区域档案合作。

新时代计算机技术迅猛发展，积极推进档案信息化建设进程，加强对数字档案的管理。转变档案管理模式，传统档案管理模式为被动保管型，现代档案管理模式为主动开发利用型。创新档案业务监督指导方式，健全"互联网＋监管"手段，建立档案数字治理新模式，推动档案工作融入各项业务全流程，推进档案业务在线监督指导，提升档案治理网络化、智能化、精细化水平。开展副省级以上综合档案馆网站及移动服务端绩效评估工作。优化副省级以上综合档案馆业务建设评价机制，进一步推动业务建设评价向市县两级综合档案馆延伸。健全机关档案监督指导工作机制，探索实施机关、所属单位、部门档案馆分层次监督指导。完善档案主管部门与行业主管部门协同配合的专业档案管理体制，强化各类专业文件材料、电子数据归档监督指导。建立企业档案工作分类监督指导机制，完善对上市企业档案业务的监督指导，加强对企业境外档案工作的指导；创新建设项目档案监督指导方式，对国家重大建设项目档案验收实行事前指导及事中、事后监管；进一步加强对非国有企业、社会服务机构档案业务指导，引导档案服务企业健康有序发展；建立健全企业职工、流动人员等人事档案监督管理机制。

第三节 档案的安全保护工作

档案安全无小事。坚持底线思维，确保档案安全保管是新形势下档案工作的底线，要紧绷档案安全这根弦，一丝不苟、持之以恒地抓好档案安全，加强档案的预防性保护，消除安全隐患。档案具有文化性和历史性特征，承载着可能对国家安全产生重大影响的信息，应确保档案安全。强化风险防控，加强应急管理，压实平安责任，严格规范制度，全面提升档案安全保障水平，坚守档案安全。把档案安全作为压倒一切的任务抓实抓牢，坚持统筹发展和安全，强化底线思维，筑牢安全防线，确保档案实体和信息绝对安全。

完善档案安全管理制度和工作机制，确保档案库房和设施设备齐全，人防、物防、技防三位一体安全防范体系更加完备，实现档案安全风险评估管控。进一步提高档案安全意识，普及档案安全知识，强化档案库房安全和档案规范化管理，提高安全意识。切实提升应急处置能力、隐患排查治理成效和应急管理能力，为档案的安全管理奠定坚实基础。

一、完善档案安全管理制度和工作机制

档案安全管理借力档案安全管理文化，切实认识到档案安全管理的重要性，牢固树立"安全第一、预防为主"的档案安全意识，培育档案安全管理价值观，把保证档案安全当成一种责任和自觉的行动，筑牢档案安全防线。

切实把档案安全工作作为档案工作的重点列入党委和政府工作的议事日程，加强对档案安全工作的领导，研究部署重要工作、重点项目时要强调和安排档案安全工作，检查工作任务完成情况时要检查档案安全措施落实情况。要定期研究档案安全工作，保障相关经费落实，解决影响档案安全工作的重大问题。

深入推进档案安全体系建设，落实档案安全工作责任制，切实把安全管理责任、措施落实到人头、岗位。建立档案安全管理制度化机制，制定《档案安全管理实施办法》《档案工作突发事件应急处置管理办法》。清晰界定档案管理人员的岗位职责，引导和规范档案管理人员的档案管理方法和行为，保证所有工作流程采用安全的工作方法。将档案安全管理的法规、标准和操作规程加以规定并体现出来，定期进行档案安全审核评估。加大对档案管理的检查力度，对档案安全管理中出现的问题要及时组织讨论，并及时予以妥善解决，建立档案安全保护常态化机制。注重档案在流动过程中的安全管理，制定应急预案，推动档案库房精细化管理。推进档案安全风险评估、隐患排查治理和应急处置演练常态化，做好原始档案的保护。建立档案保密审查制度，组织开展档案安全保密宣传和培训。

明确档案安全管理目标，规范档案安全管理行为，明确责任，完善机制，经常性地开展档案安全教育活动。在档案库房或门厅张贴、悬挂档案安全管理标牌和条幅，使工作和生活空间成为档案安全宣传教育的课堂，构建浓厚的档案安全氛围，并借助规章制度加以落实，保证档案安全管理规范化、常态化，确保档案安全管理扎实推进，取得长效实效。

二、落实实体档案的安全保护管理措施

实体档案管理包括档案馆库管理、实体档案载体管理等内容，做好实体

档案安全管理，可以延长档案的生命周期，充分发挥档案价值，更好地为社会主义现代化建设服务，满足人民群众需求。档案是人类的文化遗产，对于一个国家的发展具有重要的参考价值。档案传承了历史，在社会发展中记录了真实的历史信息，是重要的文化资源。档案的安全是档案管理的生命线，只有档案的实体安全得到保障，档案对于社会的发展以及人类进步的作用才能实现。要保障档案的实体安全，就要确保档案馆库和设施设备的安全，确保档案的收集、保管、档案流转过程中的安全。做好档案的抢救和保护工作，加强档案安全保障机制建设，积极探索建设的档案实体安全认证管理系统项目，依托科学技术加强对实体档案的安全保护。

1. 确保档案馆库安全

档案馆库安全包含馆库选址、馆库建筑、功能布局、设施设备等方面。加强档案馆库等基础设施建设，推动无馆库、危房馆库、面积不达标的档案馆（室）进行馆库新建或改扩建，抓好建设过程中的工程质量管控。

坚持档案库房安全管理，科学布局，合理采取流水牌架、分类排架或综合排架的方法，对档案进行存放，做好档案库房的防盗、防火、防水、防虫、防潮、防霉、防光、防尘等八防措施工作。根据不同材质的档案，作好温度和湿度的监控，减少环境对档案的侵蚀。定期对档案库房进行全面检查，定期清点、核对档案数量，保障馆藏档案的完整、安全，杜绝档案损毁、丢失、泄密事件的发生。坚持消防日常巡查，提升消防应急处置能力，抓好档案库房消防安全管理，多措并举，确保档案的安全。

建立档案安全一体化管理平台，提高档案管理的"智慧"水平。档案安全一体化管理系统实行"十位一体"管理，包括温度管理、湿度管理、消毒管理、通风管理等模块。按照档案保管的规定要求，一体化系统对库房环境设定了智能工作模式，自动控制库房中央空调系统、新风系统和加湿除湿消毒一体机的启停，实现档案库房的恒温恒湿，保障档案库房环境符合规定标准。建立视频监控管理、红外线探测、出入权限、消防管理等模块，配备一台应急管理主机，通过视频互通方式协调工作以及处理库房内的突发事件，实现实体档案的智能管理，实现档案的安全和保护工作由传统的人工管理向科学化、智能化转变，做到对档案库房进行全方位、全过程、集中统一的科学管理。

档案库房和设施设备齐全、安全可靠，人防、物防、技防三位一体安全防范体系更加完备。进行档案库房消防知识培训及消防演练，继续加强档案安全保护工作，定期和不定期地进行安全检查，作好安全检查记录，及时解决安全隐患问题，多措并举，确保档案的安全。

2. 确保档案的收集、保管、流转过程中的安全

牢固树立高度的安全意识。确保档案来源安全，做好文件材料归档和档案移交工作，从源头上保障档案实体安全，建立有效、完整的档案制度，全面、系统、安全地保存档案资料。执行档案安全借阅制度，制定完善的档案借阅登记、利用效果登记和及时归档的程序。档案一般只限于档案阅览室内使用，如确需借出，应严格履行借阅手续，确保档案按时安全归还。档案资料做到出入库登记与档案实体相符，确保档案去留有迹可循。档案管理人员在档案的收集整理、鉴定、保管、统计等各个环节要认真细致，确保档案的齐全完整，保护档案免遭破坏，尽量延长档案的寿命。确保档案实体安全，实行库房精细化管理，严格执行档案交接制度，保障档案流动过程中的安全。

3. 做好档案的抢救和保护工作

档案的抢救工作主要包括：对老化、破损、褪色、霉变等受损的实体档案进行修复，利用科学手段进行抢救；对破损档案进行修裱、去污、加固、字迹恢复和更换卷皮和卷盒等。

加强档案安全保管，提高思想认识，健全工作机制，提升保障能力，制定档案抢救方案，统筹规划，确保重点，分步实施，有计划地组织开展濒危档案抢救保护，抢救和保护档案原件，最大限度地恢复档案的原貌。推动档案修复工作的开展，培养档案修复专业人才，钻研档案修复技术，以工匠精神对破损的档案进行修复。

档案工作人员应改善档案保管条件，更新档案装具，安装档案安全监控设备、自动报警和灭火设备等，定期对档案进行消毒杀虫，防止档案损坏。做好数字档案和纸质档案共存工作，拓展档案保护方法，把档案数字化工作和档案抢救工作结合起来。对于珍贵、重点档案应采取有效措施，抑制或延缓老化。采用现代化手段，对珍贵、重点档案进行扫描复制，减少档案原件

的使用，用复印件代替原件，有效延长档案原件的寿命，确保档案的完整。

4. 加强档案安全保障机制建设

强化档案安全底线思维，切实筑牢档案安全防线，加强档案工作各环节的风险治理，确保档案实体和信息绝对安全。建立档案实体安全责任制，制定档案安全风险点清单，梳理档案安全风险点，制定整改措施，明确整改时限，切实加以整改，确保档案实体和信息的绝对安全。

积极探索建设档案实体安全认证管理系统项目，实现对实体档案的智能化识别、定位、跟踪、监控和管理。档案实体安全认证管理系统平台投入使用后，档案馆可根据用户权限，实现库存档案动态查询、档案目录数据检索、在线申请调阅档案、自动记录档案出入库信息、自动清点档案数量等，改变了传统实体档案管理模式，有效提升了档案保管工作的科学化水平。

档案是历史的记录，是党和国家的宝贵财富和重要资源。作为记载历史、传承文化载体的档案，其重要性越来越受到世界各国的重视。确保档案的安全，事关党和国家利益，事关档案事业永续发展，事关每一名档案工作者的重要政治责任。档案的安全管理工作，在任何时候任何情况下都不能有丝毫松懈。管好用好档案，使档案始终处于安全状态，一旦档案在安全管理上出现问题，就可能会给国家文化建设带来灾难性后果。

档案一旦遭到损坏就很难恢复原貌，严重的甚至无法修复，造成难以弥补的损失，因此一定要防患于未然。对于纸质档案强调"以防为主、防治结合"的基本方针。在长期的保存过程中，纸张会受到内因和外因的影响，逐渐发生老化，要注重保管条件，尽量使用复印件以保护原件的安全，提高纸张的耐久性，保护原件不受损坏。

2018年9月2日晚，巴西国家博物馆发生重大火灾，馆内2000万件藏品约90%毁于一旦。2019年4月15日，法国巴黎圣母院发生严重火灾，852年历史的中轴塔在火中倒塌。近年来国内也多次发生火灾、爆炸等安全事故，这些触目惊心的安全事故，一次又一次给档案安全管理工作敲响了警钟。

档案安全是档案工作的生命线和底线，是档案馆的工作重心和第一要务。切实提高思想站位，筑牢档案安全工作思想防线，适应新时代档案安全工作的新变化、新要求，与时俱进，多角度、全方位进行考量，突出问题导向，严格落实安全主体责任，加强安全设备设施的配备，努力构建人防、物防、技防"三位一体"的安全体系，确保档案馆和档案的绝对安全。强化要素保障，强化组织保障，强化制度建设，提升全馆安全工作水平。认真履职尽责，切实坚守档案工作红线和底线。

三、落实电子档案的安全管理措施

随着科技的发展、社会的进步，档案的形式和管理方法都在不断发生变化。电子档案是与纸质档案相对应相关联的档案形式。电子档案是通过计算机磁盘等设备进行存储的电子图像文件的集合，以案卷为单位。电子档案的产生使档案管理的对象、安全设施及技术设备都发生了很大的变化。电子档案的归档、保存、管理、应用成为档案安全管理工作的重要组成部分。电子档案操作便捷，极大地提升了工作效率。电子档案传递快捷，不受时间和空间的限制，更加有利于档案开发利用工作的开展，实现资源共享。电子档案存储空间小，容量大，形式更加多样，但是电子档案也存在着管理方面的许多弊端，例如：电子档案的删除、修改较方便，并且改后不容易留下痕迹；易受电磁干扰及电源故障等影响。计算机设备及人为操作的失误等多种因素威胁着电子档案的安全，应根据电子档案的特点，做好电子档案的安全管理工作。

提高档案管理人员的责任心和思想觉悟，深刻认识档案安全管理的重要性，严格执行国家网络和信息安全管理制度，做好大数据环境下的档案数字资源安全管理。确保电子档案在有效的管控范围内，避免档案信息意外流出。在电子档案开发利用的过程中，要确定档案用户的身份，进而确定对电子档案的使用权限。严格规定存储介质的使用范围，电子档案本身依靠数字存数设备，不适宜的环境会使光盘介质发生氧化反应。对于电子档案，因涉及软件、硬件、载体等各方面，内容较复杂，随着档案信息化进程的推进，应增强对电子档案载体保护的意识，加强电子档案的安全性和保密性。提升档案信息化基础设施设备安全水平，加强对档案机房、档案管理系统以及涉密载体、存储设备等重点部位的保护，对档案数字化外包、电子档案的备份等领域的管理，对电子档案的接收、整理、利用、数据迁移等关键环节的监督，实现系统和信息的可管可控。为保证电子档案的真实性，电子档案的内容需进行加密处理，通过加盖水印、二维码等一系列技术手段加强安全管理。落实"三网隔离"措施，设置有效的身份认证和访问权限等安全保密措施，使电子档案资源实现全过程安全管理。建立档案网络、档案信息系统和档案数字资源安全保密防护体系，提升档案行业网络安全监测预警和应急处置能力。扎实做好档案数字资源备份工作，实现全部档案数字资源完整备份，重要电子档案异地异质备份。对离线备份载体根据技术特性进行系统化监测和管理，加强电子档案的备份工作安全监控，保证电子档案的备份安全，确保信息技术在档案管理领域的安全运用，切实保障档案数字资源的安全。

提升档案数字资源安全管理能力，学习和掌握网络安全知识，本着电子档案"保数据、保核心、保安全"的目标，建立健全安全保障体系，加强软硬件设施的有效防控，保障数字化建设的安全。建立健全规范的业务操作程序和有效的安全管理体系，保证电子档案的真实性、完整性、可用性和安全性。维护档案资源的安全与完整，促进档案事业的安全健康发展。

自 2021 年 9 月 1 日起实施《数据安全法》，该法在保障档案数据安全方面具有重要的指导意义。《数据安全法》第三条规定："数据处理，包括数据的收集、存储、使用、加工、传输、提供、公开等。数据安全，是指通过采取必要措施，确保数据处于有效保护和合法利用状态，以及具备保障持续安全状态的能力。"档案信息安全包含系统安全、数据安全、档案开放和利用安全。确保档案信息安全，加强对数字化加工的有效管理，做好档案数据备份和信息安全工作。

建立健全档案数据安全法律法规，加强档案数据安全保护，提高档案数据安全保护意识，完善档案数据安全法治体系和监督体制措施，加强档案数据安全制度建设。建立档案数据应急处置机制，一旦发生档案数据安全事件，采取相应的应急处理措施，完善档案数据安全监督体系。

随着档案信息化建设的不断深化，档案的数字化进程不断加快，电子档案的数量越来越多，应采用数据加密技术及数据完整性鉴别技术对档案信息传输过程中的安全予以保护，采用数据库技术及对用户的访问进行授权，采用鉴别技术对信息存储过程中的安全予以保护。电子档案存在很多安全隐患，例如电脑病毒，在我们没有察觉的情况下对档案信息进行恶意篡改、盗窃甚至是销毁，所以需要计算机信息技术的支持。加强网络安全信息建设，通过病毒防范、防火墙防御、入侵监控系统等手段防止网络安全遭受侵害。做好电子档案的备份工作，做好电子档案信息数据与物理载体的有效结合，实现电子文件和电子档案的集中统一管理，在保证归档信息数据"四性"完整的前提下，实现数据和载体的有效结合。

保持档案信息数据的真实完整，提高电子档案的保护力度。从电子档案信息数据的存储介质方面来看，主要是做好电子档案信息数据的长期保存，确保数据安全。电子档案数据的长久保存需要依据档案物理载体的存储性能，按照国家有关技术标准和应用实践，采用光盘、硬盘、磁盘阵列等存储介质。由于电子文本、数据信息等数字载体材料易老化，结构稳定性差，个体空间容量有限等，电子档案数据无法依赖单一媒介载体解决长期保存的问题，应当依据电子档案载体特点、信息数据种类，遵循保管规律，构建以磁盘阵列服务器端存储为依托，以档案级光盘备份为主体，以硬盘存储方式为补充的档案数据信息存储体系，保证电子档案信息安全。针对不同等级的档案信息数据、不同种类的存储载体，建立定期转存制度，定期对数据进行检查，发现问题及时修复，无法修复的进行转存。

强化档案安全技术支撑。要充分发挥档案研究机构、高等院校、社会团体的技术优势和资源，对防灾减灾、档案信息安全保障、档案抢救修复技术方法、电子档案信息管理和长久保存方法等关系档案安全的关键理论和技术方法积极开展研究攻关，不断提高档案安全的理论水平和技术保障能力。要密切跟踪"互联网+"、物联网、云计算、大数据等新技术、新知识、新要求，不断提高档案安全技术水平。

四、强化档案安全风险评估、排查工作及应急处理能力

切实加强档案安全风险隐患排查治理，强化应急培训和演练，有针对性地完善各项安全防范措施。不断强化档案安全风险评估和排查工作，不断提

升档案实体安全与信息安全保障能力。建立档案应急管理预案、档案安全风险评估管控，不断提升隐患排查治理成效和应急管理能力。贯彻总体国家安全观，统筹发展和安全，坚持底线思维，强化风险防控，加强应急管理，压实安全责任，确保档案安全。健全重大活动、突发事件应对档案工作机制，着力健全重特大事件应急处置档案管理机制，建立档案风险评估管控、隐患排查机制。

为加强各级国家综合档案馆的安全管理，提高档案安全风险防范和保障能力，确保档案馆库、档案实体和档案信息安全，国家档案局办公室印发《档案馆安全风险评估指标体系》，主要适用于国家综合档案馆安全风险评估工作。《档案馆安全风险评估指标体系》围绕"安全第一、预防为主、突出重点"的原则对档案馆中普遍存在的、多发性的风险隐患进行系统梳理，并针对风险隐患的可能危害，提出预防措施，规避风险或将风险的危害降至最低。《档案馆安全风险评估指标体系》中每一项指标都有相应的评估内容、评估方法、评估依据，可采取定性或定量的方法，逐项进行评估，并分别得出"高危性安全风险隐患""危险性安全风险隐患""未发现安全风险隐患"的评估结论。各级档案部门可通过《档案馆安全风险评估指标体系》对档案馆安全风险进行系统的分析评价，确定档案馆可能面临的风险，并根据风险的可能危害程度及防控条件确定风险隐患控制的优先顺序，进而有效降低安全风险发生的概率，最大限度地确保档案的安全。加大安全隐患排查力度，积极防范化解安全重大风险，集中开展档案安全隐患排查整改，深入查找当前安全工作存在的短板和薄弱环节。

各部门各单位要按照《档案工作突发事件应急处置管理办法》和《档案馆防治灾害工作指南》等要求，建立洪涝、台风、滑坡、地震等自然灾害及其他突发事件的防范和应急处置机制，制定档案安全应急管理制度和应急预案，提高档案突发事件应急处置能力。把档案馆列入重点保护范围，确保档案在安全受到威胁时得到优先抢救和妥善处置。要设立档案安全应急处置协调小组，保证突发事件应急处置工作的有效进行，最大限度地预防和降低突发事件对档案造成的危害。要按照应急预案的要求，经常开展演练，提高应急处置执行能力。

五、完善档案安全保障治理平台

按照《关于进一步加强档案安全工作的意见》要求，落实档案安全工作的总体目标和责任，从风险治理、预防控制、完善保障等方面提出了具体要求。坚持"安全第一、预防为主"的档案安全工作方针，以高度的政治责任感和使命感，继续强化对档案安全工作的领导，进一步明确档案安全责任，积极开展档案安全风险防控和治理，不断完善档案安全保障，建立健全人防、物防、技防三位一体的档案安全工作新格局。建立起档案安全责任清晰明确、档案安全风险治理切实有效、档案安全预防控制完备可靠、档案安全保障健全有力的档案安全体系，有效防范各种档案安全风险。

1. 加强档案安全工作监督管理

要按照统一领导、分级负责的原则，采取有效措施，严格实施对档案安全工作的监督管理。各级档案行政管理部门要把本行政区域内档案安全工作作为监管重点，加大监督检查力度，审定应急预案，认真做好档案安全事故的调查处理工作，监督事故查处和责任追究落实。各级各类档案馆主要负责人、档案室或其他类型档案机构所在单位分管档案工作负责人是第一责任人，对档案安全工作负全面责任；档案馆、档案室或其他类型档案机构的档案业务人员为直接责任人，对档案安全工作负直接责任。各部门各单位要以建立健全档案安全责任、风险治理、防控和保障工作机制为目标，进一步完善各项档案安全规章制度，设置档案安全和应急管理机构，配备足够的专兼职管理人员，并按照权责一致的原则，建立健全以第一责任人为核心的档案安全管控体系，形成档案安全责任共同体。要不断完善和细化涵盖各个重点领域、各种形式载体、各个管理流程的档案标准规范和技术要求，做到标准统一、要求明确、制度之间协调一致。不断修订完善本系统、本单位的档案管理办法，建立健全文件、记录和数据的接收、整理、归档与档案的保管、利用、移交、解密、鉴定销毁等制度，形成完善的档案制度管理体系，避免因为制度缺陷影响档案安全。

2. 档案资源安全风险治理

档案资源安全风险治理要抓住收集归档和移交接收这两大关键点，按照有关法规要求做到收集归档时应归尽归、应收尽收，移交接收时应交尽交、应接尽接，从源头上保障档案资源安全。各部门各单位要深入贯彻落实国家档案局令第 8 号、第 10 号，严格按照档案行政管理部门批准的归档范围与保管期限表进行文件材料的收集归档和划定档案保管期限，确保收集齐全完整、鉴定科学准确。要将新型载体和门类档案纳入本单位档案资源建设范畴，强化和提升音像档案、电子档案、实物档案和专业档案管理水平，避免档案资源流失。严格执行《各级各类档案馆收集档案范围的规定》，做好档案的移交和接收工作。负有档案移交责任的部门和单位不得擅自缩小移交范围，拒绝移交应进馆的音像档案、电子档案、实物档案和专业档案；不得通过缩短档案保管期限或者鉴定时不按要求将部分定期档案上升为永久档案等方式规避移交责任；单位撤销、合并、分立或改制的，要严格按照相关规定进行档案移交。各级各类档案馆要不断优化档案接收范围，并严格按照接收范围进行档案接收，避免出现"高价值资源进不来、低价值资源挡不住"的现象，造成档案资源的安全风险。

3. 档案实体管理风险治理

要切实改善档案保管条件，继续推进中西部县级档案馆建设，加大监管审查力度，避免因规划、设计不合理给档案安全造成影响；要充分重视机关单位和地（市）级档案馆、东部地区县级档案馆的库房建设，重点解决选址条件差、库房容量小等问题。各部门、各单位要严格按照《档案馆建设标准》《档案馆建筑设计规范》加快改造或新建、扩建档案库房，进一步提高档案库房的安全防灾标准，采用先进的安全技术、设备和材料，改善档案保管条件，确保档案安全。档案库房要配备齐全防火、防盗、防潮、防水、防日光及紫外线、防尘、防污染、防有害生物等设施设备，安装监控和门禁设施，保障各种设施设备完好并且能够正常运行，避免出现设施设备配备不全、设施设备不运行或者间断运行的情况，影响档案安全。各部门各单位对档案库房要进行精细化管理，严格把控库房安全。要重视档案库房检查工作并作好记录，档案库房的日查由库房管理人员负责，定期巡查由相关责任人员负责，档案安全工作第一责任人要保证每年对库房进行两次以上安全专项巡查。节假日期间库房无人值守的，应对库房进行封闭处理，库房封库、启库时要登记时间、责任人等。各级各类档案馆库房管理要推行"双人进库制",进出库房时间、事由应实时翔实登记。各部门各单位要严格程序,在档案利用、数字化、移交和接收等过程中认真执行交接制度,履行交接手续,确保档案流转过程中的档案安全。各部门各单位要采取新措施、运用新技术,在档案利用等过程中尽量减少档案原件出库。档案原件确需出库的,应详细登记档案卷件数量、卷件号、事由、时间、利用人、责任人等情况,并在档案出库、入库时予以清点确认。

4.档案信息管理风险治理

各部门各单位要在环境及设备安全、网络安全、系统安全、数据安全和数据载体安全等方面制定完善的信息安全策略并贯彻执行,保障档案信息数据真实、完整、可用和安全。要推进数字档案馆、数字档案室建设,按照国家标准和相关规定配置信息环境及设备,基础设施和信息安全设施应能保障电子档案管理系统的正常运行和内容管理及传输的需要;要按照《档案信息系统安全保护基本要求》等规范建立健全档案信息管理系统安全保护体系,确保数字档案资源的信息系统与其他信息系统物理隔离;要制定数据备份和迁移策略并认真实施,要对重要的数字档案资源实行异地异质备份,并及时进行检查、迁移,确保数据长期安全保存;要针对不同的数据载体制定相应的保管方案,保证数据载体的可用和安全。各部门各单位要按照《档案数字化外包安全管理规范》等要求对数字化服务机构、数字化场所、数字化加工设备等进行安全管理,避免数据在档案数字化及后期管理过程中遗失泄密或者不当扩散。要加强档案网站安全管理,定期对网站进行扫描监测,发现漏洞及时修正,发生篡改、入侵等事件及时断网修复。

5.档案保密、开放与利用风险治理

各部门各单位要加强对涉密信息系统、涉密计算机和涉密载体的保密管理,按照涉及国家秘密的信息系统分级保护要求,严防档案在传输过程中泄密。要按照相关规范要求对涉密档案、重要档案的存储介质进行检验和认证。要严格执行档案保密管理制度,对网络档案信息进行严格审查,严防将涉密档案信息传输到非涉密网络上。各级各类档案馆要严格按照《保守国家秘密法实施条例》《各级国家档案馆馆藏档案解密和划分控制使用范围的暂行规定》《各级国家档案馆开放档案办法》等开展馆藏档案解密、划控和开放。解密、划控和开放应严格审核程序，档案馆档案安全工作第一责任人应最后审核把关，必要时还须报请上级及有关部门予以审定。各部门各单位要严格执行档案利用制度，在法律法规许可的范围内，按照权限和要求提供档案利用服务，避免超权限、超范围利用档案。

六、加强档案安全检查力度

档案行政管理部门要会同有关部门，采取有效方式对各部门各单位档案安全进行检查，发现隐患要及时下达整改通知并督促整改。各部门各单位要坚持开展档案安全自查，检查各项规章制度是否得到严格执行，检查各个工作环节、部位是否存在安全漏洞和隐患，检查各种安全设施是否齐全有效等，及时发现和排除安全隐患，堵塞安全漏洞，严防档案安全事故发生。

七、推进档案安全文化建设

各部门各单位要积极开展档案安全文化建设，将安全思想贯穿于日常各项工作和各个环节中，引导相关人员将档案安全内化于心、固化于制、外化于行，把档案安全作为规范自觉的安全行为。要加大对档案安全的宣传教育力度，通过广播、电视、报刊、互联网等多种形式普及档案安全知识，增强档案安全意识，引导公民正确认识和理解档案安全工作的重要作用和长远意义，激发社会开展档案安全工作的热情，营造良好的宣传舆论氛围。

各单位各部门要深入学习贯彻习近平总书记系列重要讲话精神，不断增强政治意识、大局意识、核心意识、看齐意识，充分认识档案安全工作的重要性。做好档案安全工作是推动档案事业科学发展的前提，是健全档案工作"三个体系"、构建国家基础性战略资源的重要保证。充分认识加强档案安全工作的重要性和紧迫性，增强责任感和使命感，从推动各项事业科学发展、维护党和国家及人民群众根本利益的高度，把档案安全工作抓实抓紧抓好。

档案是党和国家的宝贵财富，档案安全是档案工作的生命线。近年来，信息技术的快速发展与应用带来的安全问题日益突出，再加上档案管理存在一些漏洞和隐患，危害了档案安全，建立健全确保档案安全保密的档案安全体系十分必要。档案安全体系建设是我国现代化档案事业可持续发展的坚实基础。加强档案安全管护，全面提升档案部门的安全保障能力的关键在于建立健全有效的档案安全体系。

第四章　加强人才与信息化建设构筑档案治理体系

人才是档案信息化建设的保障,是档案信息化建设可持续发展的基础。在档案信息化建设的过程中,需要具有丰富的档案专业知识又熟练掌握现代信息技术的人才。档案部门和领导干部要树立加强档案信息化人才队伍建设的意识,把档案信息化人才队伍建设提上重要议事日程,把档案信息化人才队伍建设的各项任务落到实处,引导广大档案工作者勤奋学习、爱岗敬业,营造良好的学习氛围。

紧密地团结在以习近平同志为核心的党中央周围,以习近平新时代中国特色社会主义思想为指导,深入贯彻落实习近平总书记重要批示,把握时代机遇,勇于担当作为,凝心聚力,深入贯彻新时代党的组织路线,落实好干部标准,把政治标准贯穿干部"选育管用"全链条。要始终把党的政治建设摆在首位,持续深化理想信念教育、对党忠诚教育和政治机关意识教育,突出抓好领导干部特别是年轻干部的理论武装。狠抓落实,打造忠诚干净担当的高素质专业化档案干部人才队伍。奋进新征程、建功新时代,对建设高素质专业化档案干部人才队伍提出更高要求。

第一节　建立档案人才队伍管理体系

档案是人类社会各项活动的历史记录,是原始的记录凭证。档案事业是一项守望历史、传承文明的千秋功业。档案工作者肩负着"为党管档、为国守史、为民服务"的重要职责和"为党立言、国存史、为民修志"的职责使命。始终把牢政治方向，落实岗位职责，不断推升工作水平，把档案管理工作做好，振奋精神，扎实工作，把档案管理各项工作抓好落实，建设一支对党忠诚、作风优良、综合素质高、专业能力强的档案干部队伍。档案工作者要将"不忘初心、牢记使命"具体运用到自己的工作实践中，将档案这一有益于人民、有益于民族的事业做精、做细、做好，与时俱进，不断科学地吸纳新知识、新技术、新思维，推动档案事业展现新面貌、新格局。建立档案人才队伍管理体系，开展档案专业人才队伍建设，不断增强档案管理人员的政治觉悟与档案意识，加强档案专业人才培养和选拔力度，不断优化档案队伍结构和档案人才结构，完善档案继续教育与培训，建立健全档案人才培养激励机制。

实施人才强档工程，开展国家级档案专家选拔工作。强化年轻干部培养使用，加强精准精细培养。加强和改进思想政治工作，努力为基层一线和年轻干部排忧解难。将从严依规科学管理引向深入，加强作风建设，持续抓好各级党委对档案部门巡视巡察的整改工作，营造巩固风清气正的良好政治生态。建立健全促进干部担当作为的激励保护机制，进一步提振干部职工锐意进取、苦干实干的精气神，以昂扬的斗志推动档案事业创新发展。

加大档案信息化人才培养力度，完善人才培养机制，拓宽档案信息化人才的交流和培养渠道，把人才培养和人才引进结合起来，吸引社会力量参与档案信息化建设。建设档案信息化人才专家库，为档案信息化重点工程和重大科技攻关项目提供人才支持。

制订档案管理工作人员培训计划，加大对档案管理工作人员的培训力度，进行档案信息化专门培训，提高档案管理工作人员的业务知识水平，提高综合素质水平。大力开展档案信息化教育和培训工作，学习现代化信息技术、网络通信技术、信息化软件应用等，让档案工作者参与到信息化建设中，学用结合，以用促学，通过参与档案信息化实践来提高自身的信息化素质和能力。加强档案信息化人才骨干队伍建设，积极探索新时期档案信息化人才培养新思路，加强对档案信息化人才的培养。

为保证档案信息化的迅速、稳定、健康发展，引进或培养具有较高专业素质的管理和技术维护人才，专门从事档案信息资源及信息化基础设施的建设、运行、管理及维护工作。信息化人才队伍建设是为培养具有综合职业能力和全面素质，具有较强信息化意识，并掌握现代信息技术、计算机技术，适应档案现代化需要的应用型高素质人才，为档案信息化建设可持续发展提供人才保障。

档案工作人员要不断提高思想认识，明确工作职责，加强档案业务知识学习，熟知档案法律法规，扎实掌握档案管理相关知识和计算机知识，全面收集档案数据信息资料，做好档案数据的整合和分类，完成档案的数字化，建立电子档案数据库。制定档案信息化管理的规章制度，使档案信息化管理工作有章可循。及时对档案信息化管理规定进行调整，提高档案信息化管理规定的可行性和适用性。健全组织保障，建立约束机制，档案管理部门要做好档案信息化管理的监督检查工作，加大对信息化系统运转的监督管理力度，保证档案信息化建设的各项工作有序开展，保证档案信息化建设的顺利进行。

一、增强政治觉悟与档案意识

档案工作记录历史、传承文明、服务社会、造福人民。习近平总书记曾深刻指出，档案工作是一项非常重要的工作，经验得以总结，规律得以认识，历史得以延续，各项事业得以开展，都离不开档案。这是对做好新时代档案工作提出的明确要求，为做好新时代档案工作提供了根本遵循。档案工作者要进一步提高政治站位和工作站位，认真贯彻执行习近平总书记对档案工作的重要讲话精神，深刻领会习近平总书记对档案工作提出的新要求，切实增强做好档案工作的责任感和使命感。不忘初心、牢记使命，默默坚守、无私奉献，认真履职，增强做好档案工作的使命感，守正创新、真抓实干，在岗位中依法依规做好档案管理工作。全面提高档案保护与开发利用工作的质量和水平，适应时代发展的潮流，满足新时期各项工作开展的需求，解决在档案工作出现的新情况、新问题。转变和创新思维方式和管理理念，树立传统载体档案和档案数字资源并重的理念。有效整合档案数字资源，强化服务意识，全面提升档案管理水平和档案服务水平。学习研究在"技术革命"和"信息社会"形势下的档案管理工作，利用人工智能技术，实现档案的精确检索与利用，利用新技术对档案进行管理和开发，积极探索档案开发利用的新途径。

习近平总书记反复强调"国之大者"，要求领导干部想问题、作决策，一定要对"国之大者"心中有数，对"国之大者"了然于胸。何谓"国之大者"，就是关乎党和国家事业全局、关乎党的执政根基和国家长治久安的重大问题。档案工作作为一项基础性工作，在推进经济建设、政治建设、文化建设、社会建设、生态文明建设和党的建设方面有着不可或缺的作用，与"国之大者"有着天然的契合性。近年来档案部门一些富有成效的工作，如脱贫攻坚和疫情防控档案的归集、民生档案的区域共享等，都是档案工作认识和把握"国之大者"的生动实践。做好新时代档案工作，必须心怀"国之大者"，自觉围绕党和国家工作大局发挥档案工作的独特优势和职能作用。各级档案部门要进一步提高政治站位和工作站位，时刻关注党中央在关心什么、强调什么、要求什么，学会从党的理论和路线方针政策中牢牢锚定"国之大者"。切实把档案工作融入经济社会发展全局去谋划，找准档案工作服务大局、服务人民群众的切入点和着力点，积极主动作为，凝聚起干事创业的强大力量。

档案工作者要不断加强政治能力建设，锤炼忠诚、担当的政治品质，提高政治判断力、政治领悟力、政治执行力，坚定理想信念，树立正确的世界观、人生观、价值观。深入学习贯彻习近平新时代中国特色社会主义思想，强化党的创新理论武装，始终牢记初心使命，忠实捍卫"两个确立"，做到"两个维护"，坚持讲规矩、守纪律，勇于自我革命，善于自我改造。强化工作作风建设，强化担当作为，不折不扣抓好党中央精神贯彻落实，注重责任落实，深化细化全面从严治党，勇于在实践中提升能力。

恪尽职守、敬业奉献、艰苦奋斗、勇于担当，建设一支高素质专业化的档案管理队伍。结合党史学习教育，把档案文化建设作为内生动力的重要抓手，深挖档案文化内涵，通过思想引领形成共识、凝聚力量。档案管理人员的思想和认识都要跟上新时代，适应档案工作出现的新情况，强化档案服务意识，提高服务水平，提供最优服务。档案管理人员应学习《档案法》等法律法规，学习构建新发展格局的理论知识，提升政治内涵和专业素养，积极融入数字浪潮，利用新技术，做好档案的开发利用工作。

习近平总书记对档案工作的重要批示高瞻远瞩、内涵丰富，深刻回答了新时代档案工作"怎么看、怎么做"的重大问题。习近平总书记指出，档案工作存史资政育人，是一项利国利民、惠及千秋万代的崇高事业，将对档案工作重要性的认识提升到前所未有的高度，档案事业发展环境之好前所未有，干事创业的精气神空前激发。我们要深刻理解习近平总书记关于档案工作地位作用的重要论述，充分认识档案工作的重大意义、崇高使命和历史责任。

深入学习领悟习近平总书记对档案工作的重要批示，要通过持续深入的学习不断加深对习近平总书记重要批示的精神实质、核心要义和实践要求的理解。始终对档案事业满怀神圣感、心存敬畏心，不断激发干事创业、担当作为的精气神。切实增强做好工作的神圣感使命感，带着使命和情怀从事档案工作，才能真正对党和人民的事业负责，以攻坚克难、善于斗争的精神推动档案事业高质量发展。档案工作是平凡的，也是伟大的。档案工作做不好，必将造成不可挽回的重大损失，犯下无法补救的历史性错误。广大档案工作者要坚守初心使命，继承和发扬档案工作者的光荣传统和优良作风，始终做对党忠诚、信念坚定、严守纪律的档案人，在坚守平凡中创造非凡，使档案工作更好地服务于党和国家工作大局、服务于人民群众。

全面增强档案管理人员的档案意识，强化档案法治观念，切实把"两个确立"的思想认识转化为"两个维护"的思想自觉、政治自觉和行动自觉，不断提高政治判断力、政治领悟力、政治执行力。充分认识档案的重要作用，充分认识档案工作的价值，增强依法履行档案工作职责的政治责任感和历史使命感，自觉重视和加强档案工作，依法合规开放利用档案，有效发挥档案存凭、留史、资政、育人作用，推动档案事业高质量发展。

二、加强专业人才培养与选拔

档案管理人员的整体素质是做好档案管理工作的保证，是影响档案服务质量的决定性因素。档案管理人员的综合素质的高低直接影响到档案业务工作的效率、水平和质量，因此要提高档案管理水平，就必须提高档案管理人员的综合素质。

档案管理工作是一项理论性和实践性紧密结合的工作。理论内容丰富，研究方向较多，新时代档案管理理念、工作内容、档案管理模式都发生了巨大的变化。随着档案信息化建设的推进，档案管理向数字化方向发展，面对计算机技术和现代管理理念的高标准要求，档案管理工作呈现多样性，工作量剧增，工作要求也越来越高，档案管理部门和其他部门之间的交流合作也不断深化。档案管理工作对象由传统的纸质档案发展为以电子档案为主的多元化的数据，由管理文件到管理数据，档案管理模式由被动管理向主动服务方式转变，尤其是大数据和网络技术的广泛应用，对档案管理人员的专业能力提出了更高的要求。

全面开展档案管理、开发工作，关键是培养新型档案管理人才。档案事业的发展既需要科学新技术，也需要具备档案管理知识和互联网思维的档案管理专业人才。新时代对档案事业的发展赋予了新的使命，档案工作者必须树立强烈的事业心和使命感，以"事不避难、义不逃责、埋头苦干、开拓创新"为价值取向，找准角色定位，总结工作经验，不断探索档案工作新思路、新方法。积极使用新技术，设计建设档案智慧管理平台，通过计算机对档案资料进行系统、专业的数字化处理，全程实现档案管理和技术的贯通，提升档案资源的开发和有效利用。

新时期的档案管理工作向法治化、专业化、系统化、标准化迈进，新时期的档案管理人员作为探索者和实践者，档案工作思想理念和专业技能有了大范围的拓展，责任重大。档案管理工作面临着新形势、新环境，工作内容、管理方式等各个方面都和以往有所不同，对档案管理人员的素质和能力的要求也不断提高。档案管理人员应增强创新意识和学习意识，熟练掌握档案系统平台的操作流程，不断学习新的专业知识，利用计算机技术对档案数据进行收集、整理、归档和应用，不断提高专业技能，以适应新时期档案管理工作要求。

加强档案管理工作的人才队伍建设，注重档案专业人才的培养，加快档案高层次应用型人才培养，不断提升理论研究和业务能力。建立有效的考核和激励机制，逐步改善奖励、培养机制，给予档案管理工作人员充分的关注，提升档案人的职业自信和自豪感，将个人价值的实现和档案工作的持续发展密切联系起来。

三、优化档案管理人员队伍与人才结构

档案部门以党的政治建设为统领持续加强自身建设，不断优化档案人才队伍结构，大力开展岗位练兵和技能比武，不断提升职业认同感和自豪感，在档案管理工作中提升自己，奉献社会。积极探索和实践档案管理新方法、新技术，解决档案管理工作中的新挑战和新问题。不断加强档案人才队伍建设，着力打造高素质专业化的档案人才队伍，努力建设一支素质优良、作风过硬的档案管理人员队伍。

实施人才强档计划，组织开展国家级档案专家、全国档案工匠型人才、全国青年档案业务骨干选拔工作，在全国档案系统统一部署"三支人才队伍"的选拔工作。人才选拔工作以习近平总书记关于档案工作和人才工作重要批示为指导，以"十四五"时期档案事业发展对人才的需求为导向，以建设结构合理、数量充足的人才队伍为目标。遴选为档案事业发展作出突出贡献的专家、具有工匠精神的技能型档案人才、青年档案业务骨干，激发档案人员神圣感、荣誉感和事业心。建设一支高素质档案专家队伍和高技能人才队伍，推动档案事业战略研究、政策研究、理论研究向纵深发展。促进档案技能人才队伍专业化水平提升，挖掘和培养一批具有引领作用的青年业务骨干，为档案事业发展提供决策支持和人才支撑，开启新时代人才强档工程。加强统筹管理，及时抓好组织实施，共同推进人才强档工程的落实。培养担当责任、团结奋进的精神，以高标准、严要求、高质量开展档案管理各项工作任务，提升综合素质，使档案队伍结构更加合理、作风优良、素质过硬。

四、完善档案管理人员继续教育与培训

持续推进档案管理人员的继续教育学习，使档案管理人员获得新知识、

新理念、新技术，全面提升档案治理效能和档案服务能力，确保档案继续教育取得良好效果。实现档案工作的数字化转型，服务经济社会发展，满足人民群众对档案利用和服务的需求。档案继续教育培训可以使档案管理人员学习档案管理专业知识和档案信息化技术相关知识。加强对档案信息化安全及工作流程的学习，以适应数字信息化档案管理模式；进行实际操作，保证档案管理工作在数字信息化的环境下高质量有序发展。

组织开展档案法律法规的学习，学习《档案法》《档案法实施办法》《机关档案工作条例》《科学技术档案工作条例》等，通过档案实践证明，档案法律法规的宣传贯彻解读是最直接、最有效的方式。

通过档案继续教育学习，学习专门的档案管理知识，为广大基层档案人员掌握政策、学习业务、交流经验提供了权威平台，不仅帮助大家从思想上提高了对档案工作重要性的认识，而且从实际操作上加深了对相关要求的理解。加强档案管理人员之间的工作经验交流，档案继续教育学习有助于加深档案管理人员对档案归档范围及要求、档案著录规则与"三合一"制度、档案信息化管理等档案专业知识的理解。新修订的《档案法》明确规定，档案工作人员应当忠于职守，遵纪守法，具备相应的专业知识与技能。在档案管理工作中，档案工作人员应接收档案继续教育学习，弥补专业知识的不足。档案继续教育学习已经成为考核评定、岗位聘用、职称评聘的重要依据。

通过档案继续教育学习，学习档案信息化建设相关知识。档案管理工作面临着新形势，信息技术的发展和更新，档案管理工作也随之不断发生变化，应迎合时代要求，熟悉掌握档案管理的基础工作，在档案管理工作中推广先进的档案管理方式，推进档案的数字化、网络化进程；积极主动思考，开拓创新，快速适应新的档案管理方式和工作内容。开展电子政务培训，将档案信息化建设和数字化管理列入重要培训内容。

定期举办档案干部培训班，加强档案管理人员之间的经验交流，积极探讨解决档案管理工作中出现的难题的思路方法，不断提升档案管理人员的业务能力和综合素质，为档案管理工作顺利开展提供有力保障。学习新知识，接受新事物，不断提高档案管理的专业化水平，树立服务意识和奉献精神，扎实工作，实干创新，迎接新时期档案管理工作中的挑战。打破固有档案管理思维模式，以发展的眼光和全新的视角去看待档案管理工作，以创新力推动档案工作新发展，逐步实现档案管理的现代化、智能化。

强化教育培训和实践锻炼，细化档案继续教育学习内容，使档案继续培训体系更加系统、形式更加多样，达到参训人员多、培训范围广的明显效果，为更多干部提供机动灵活的在职学习机会。要经常开展形式多样、内容丰富的主题教育和培训活动，通过法规学习、模拟演练等形式，切实提高相关人员档案安全技能和水平，提升事故防范和处理能力。积极推进档案安全专家队伍建设，培养造就一批档案安全责任意识强、技术水平高、业务素质好的档案干部，为档案安全工作提供人才支持。

五、健全人才培养激励机制

在"十三五"期间，档案人才队伍建设取得进步，人才培养力度持续加大，首批106名全国档案专家发挥作用明显，一批先进集体和先进工作者受到表彰。表明国家对档案工作越来越重视，弘扬劳模精神、劳动精神、工匠精神，传播正能量，这是对全国档案工作者的极大鼓舞和鞭策，对于提升档案管理人员的职业认同感和自豪感具有重大的现实意义。广大档案工作者从习近平总书记重要批示中深刻体会到党中央和习近平总书记对档案工作的高度重视和关心关怀，进一步增强履行"为党管档、为国守史、为民服务"的神圣职责。

围绕落实各级党委尤其是"一把手"对档案工作的领导责任，把档案工作开展情况纳入地方党政领导班子和领导干部综合考核评价内容。配齐配强档案机构和工作力量，建立档案工作领导小组，形成推进档案工作的合力。制定实施档案激励措施，创新档案绩效考核机制，提高档案管理人员的业务水平和工作能力，提升人才培养绩效，激发档案干部队伍活力。

六、完善档案人才选拔培养管理机制

人才选拔工作突出了政治标准和工作实践，提出人才队伍建设不仅要重视专业技术职务，更要重视人才的具体研究成果，既要有较高的理论水平，也要具备较强的科研能力和广泛的行业影响力。通过公开招录、遴选、选调、培训等方式，大力培养选拔优秀人才，尽心打造高效实干的档案人才队伍。档案人才选拔工作应广泛征求档案系统的意见与建议，结合工作实践要求，把握"三支人才队伍"选拔的关键，合理设置目标任务、专业领域、选拔条件、工作程序。建立档案管理人才数据库，准确掌握档案管理人才数据信息，为更好地开展档案管理工作作好人才储备。实行有效保障机制，充分激发主动性，激发内在成长动力，不断自我突破，提升潜能。增强档案工作者的进取心、责任感和成就感，最大限度地发掘其潜能，提高工作效率，锻造推动档案事业高质量发展的主力军。

  加大力度培养选拔优秀年轻干部，青年要牢记习近平总书记的殷殷嘱托，坚定树立共产主义远大理想和中国特色社会主义共同理想，传承红色基因，赓续红色血脉，弘扬伟大建党精神，立足档案工作职责任务，矢志成为堪当民族复兴重任的时代新人。青年档案管理干部要志存高远、脚踏实地，把人生理想融入国家和民族的事业中，从一点一滴做起，把小事当大事干，不断打牢成长进步的理论根基、政治根基、业务根基、道德根基。要加强学习，努力奋斗，在学懂弄通做实习近平新时代中国特色社会主义思想上下功夫，勇担时代重任，不怕困难、大胆探索、顽强拼搏，以自信、开放、包容、创新的心态奋发有为地开展工作。要锤炼作风、砥砺品行，为档案事业发展提供坚强组织保证和人才支撑。青年档案业务骨干重在培养和引导个人在档案业务多方面的发展，以便他们能在工作过程中不断发掘其专业特长，不断成长。持续深化年轻干部教育培训活动，坚持严管与厚爱相结合，进一步营造干事创业、风清气正的良好政治生态。

  完善档案管理人才培养长效机制。档案人才培养是长期工程，需要长远眼光和战略思维。加大青年干部培养，制定职业规划管理机制，职业规划管理是解决档案人才培养和使用的重要方法。根据档案工作需求，对档案人才培养进行整体规划和引导，帮助档案管理工作者结合档案发展工作和个人发展计划，确立个人发展目标，引导制订实现目标的计划并努力实施。

  做好档案系列职称申报评定工作，使档案职称评定工作更加科学规范，激发档案管理人员干事创业的活力。注重对档案管理人才创造性的培养，开展争先创优活动，以评选"业务能手"等为切入点，营造努力学习、努力工作、努力成才的文化氛围。及时表彰先进，在职务晋升、职称评定、岗位任用等方面注重对档案管理人才的培养和任用。

以党支部、共青团组织、工会组织为依托，谈心沟通，加强交流，培养档案工作者勇于创新、敢于担当的精神，提高档案管理工作者的积极性和主动性，培养其对档案工作的使命感和认同感，增强工作的信心。

站在新时代的起跑线上，习近平总书记提出，实现伟大梦想，必须进行伟大斗争、建设伟大工程、推进伟大事业。档案事业也是伟大事业中的一个重要组成部分，各级党委应切实加强对档案工作的领导，加大保障支持力度，档案工作发展环境之好前所未有。档案工作者要投入奋斗中，兢兢业业、扎扎实实地做好档案管理中的每一项工作，勇于创新，勇于开拓，同心协力，坚持不懈地推动档案工作进步和发展，助力伟大梦想。

第二节 推进档案信息化建设

档案的信息化建设是"十四五"期间档案事业发展的重点，积极配合国家信息化发展战略。继续推进以档案数字资源为核心的档案信息化建设，加快推进档案资源共享平台建设，加强电子档案归档、电子档案互通互用，加强前沿信息技术在档案行业中的应用，加强档案资源共享平台和数字档案馆的建设，全面推进档案信息化工作向更深层次、更广范围开展。随着社会经济的发展和科学技术的进步，当前社会已经进入一个信息快速发展的时代，传统的档案管理方式已经不能满足档案发展的需求，不能满足档案用户信息需求层次的变化，档案信息化及其管理利用越来越受到重视，档案信息化的发展势在必行。加强档案信息的数字化处理，加强电子档案的收集、整理和利用工作，积极推进数字资源共建共享工作，充分发挥信息化在档案管理工作中的重要作用。

档案信息化建设是一个复杂的系统工程建设，包括档案信息化基础设施建设、档案信息资源建设、档案信息化应用系统建设、档案信息化标准规范建设、档案信息化人才队伍建设、档案信息化安全保障建设等各方面的内容。科学规范地运用信息技术,推定档案事业持续稳定发展。

在档案的信息化建设过程中,存在很多问题,主要表现在两个方面:一是对档案信息化建设的重视程度不够,档案管理体制仅仅停留在对档案的传统管理层面上,档案的信息化建设进程无法和国家信息化建设同步,存在滞后性;二是档案管理基础设施比较薄弱,档案信息系统兼容性不足,信息设备落后,已经无法满足档案信息化管理的现实要求。在大数据网络技术高速发展的背景下,在硬件方面要不断加快档案信息化管理硬件设备的更新,在软件方面,要足够重视档案的信息化建设工作,把握档案信息化建设的重点和方向,制定具体可行的实施方案,不断提高档案管理人员的素质和水平,把档案信息化建设放在至关重要的位置。建设档案管理共享平台,基于新技术构建档案公共服务新阵地。坚持纸质档案和电子档案同管理、同利用。

互联网已经悄然改变了人们的工作和生活方式,"互联网+"的时代,不仅仅是互联网与行业的简单相加,而是开启了一个以电子数据为中心的信息资源互认共享、多方利用的全新服务时代。在这样的背景下,档案管理工作者要以此为契机,转变思维方式和服务理念,构建服务型档案管理模式;利用大数据相关技术,完善档案信息引导和档案资讯服务,提升档案管理质量,提高工作效率和整个档案管理的科学性,逐步形成全新的服务模式和管理机制;树立服务意识,收集相关数据并深入分析挖掘,了解用户需求,保证归档齐全;主动将精准信息和服务推送给用户,提高用户的满意度和获得感。

一、档案信息化管理新特征

大数据改变了档案的管理和服务方式,大数据时代档案管理信息化呈现出以下新特征。

1. 档案信息化管理高效化

传统档案处于零散无序的状态,很难发现更深层次的档案信息,大数据推动了档案信息管理的高效化,数据资源深度整合,信息快速流转,提高了档案信息的查找和利用效率。

2. 档案信息化管理精准化

运用数据挖掘分析技术,开启精细化管理新模式。通过对档案用户的深度挖掘,跟踪用户需求信息,为个性化档案信息服务提供参考。大数据技术推动了档案信息资源互联互通,将海量零散的信息以及孤立的数据点进行有效整合,开展更为精准的预测,基于档案用户需求,提供精准有效的档案信息,提供高质量的档案服务。

3. 档案信息化管理共享化

档案信息化管理,档案资源和业务需求实现兼容和共享。建立统一的档案业务应用平台,实现统一存储、集中管理;安排部署政务网数字档案管理系统,实现电子档案在线指导、接收和共享利用;开展档案发布、数字档案采集和网上展览等活动,实现"智慧政务";通过对政府服务事项电子档案的精细化管理,发挥政务服务的作用;针对用户需求提供服务,提升公众参与度,提高档案大数据处理及应用能力;"网上远程查询、跨馆异地出证、远程利用"将成为新模式,打破被动单一的服务模式,形成档案信息资源的有效利用和有效流通,构筑档案共享空间,提高档案信息资源的利用率。

4. 档案信息化管理智能化

数智赋能是驱动档案治理现代化的新引擎,大数据技术提供数据分析和数据挖掘功能,区块链技术确保档案数字化过程和电子档案的安全性,云存储提供档案信息资源云端的存储和服务,通过智能化流程为档案用户创造价值,推动档案治理模式发生转变,为民众提供参与档案事务的机会和渠道,深化服务手段,发挥更大作用。

二、档案信息化管理的基础设施建设

加强档案基础设施建设,完善设施设备,为档案信息化管理工作的顺利开展提供保障。结合网络技术发展情况,从档案管理效率提升角度分析,加大对互联网和局域网综合应用的力度。加大资金投入力度,购置高配置的计算机及扫描仪等设备,提高档案信息化系统运行的效率,为档案信息化建设奠定基础,促进档案管理信息化建设工作更好地开展。定期对服务器进行检测调试,保障设备的安全运行。进一步解放思想、创新发展,不断完善调整档案信息化建设思路。

升级改造档案室,按照不同的档案信息化利用需求以及查阅方式进行分区,功能细化,将其分为政务信息查阅区、检索工具区、信息公开展示区等,营造安静的阅览环境,完善硬件设施,提高档案信息化利用平台效率。上墙展示各种规章制度、利用流程、须知,便于监督管理,也让操作简单方便,推动档案信息化建设迈上新台阶。建设一套集档案信息资源互联互通、共建共享、有效利用和智慧管理等多功能于一体的数字档案馆系统。以更高的标准、更科学的框架、更完善的配置,全面落实建设档案馆的各项要求。规划安排信息化功能用房,建设标准安全的中心机房,合理布局组建局域网、政务网、管理网、互联网等网络通道,加大投入完善信息化设施设备,为档案信息化建设提供物质保障。

建设档案数量充足、内容丰富、结构合理、质量优化的档案信息资源保障体系。一方面扩大档案的接收范围,另一方面对接收档案的质量进行严格控制。档案管理部门要加强和博物馆、图书馆等单位、部门的交流合作,实现馆际交流及资源共享。

利用现代科学技术,改进档案利用方法和技术,加强档案信息检索功能;建立档案目录中心,提高档案查找效率和准确率,满足社会对档案资源利用的需求。

三、档案信息化管理的信息资源建设

电子档案是档案发展的新形势,如何科学合理地将实体档案与电子档案的管理相结合,在大数据环境下,保持档案信息数据内容的真实性、完整性、可靠性和可用性,充分发挥各自优势,是值得档案管理人员思考的问题。档案工作者肩负着"为党管档、为国守史、为民服务"的历史重任,应始终把保障档案安全放在十分重要的位置,主动适应新形势,提升档案安全保障能

力,及时采取有效的安防措施,切实保障档案的实体安全和信息安全。

档案的信息化管理必须以真实可靠的档案数据信息为依据,档案管理工作者可以通过网络技术等多种不同的先进技术,开展在线档案信息的收集和整理、分类等工作,建立健全电子档案收集归档、电子档案移交管理的相关制度,使电子档案的收集、整理、归档和移交接收科学化、规范化。建立档案信息检索机制,在文档信息间形成基于关键信息的不同组合,建立关键文档和具体文档的关联,优化关键信息精度,在关键信息间建立互相关联。扩展对档案信息数据的覆盖面,实现跨类别文档间的聚合,提取有效信息数据。增强在业务系统中同步规划、同步实施电子档案归档的功能,保障电子档案管理工作的广泛开展。深化"互联网+政务服务"等领域电子文件的接收归档工作,完善政务服务数据归档机制,强化全流程一体化政务服务平台建设,使电子档案向更加广泛的领域推广。促进各类电子文件应归尽归,做好电子档案的移交工作,实现电子档案应收尽收,做好档案管理的全过程记录,提高档案管理工作效率。

加快档案管理的数字化进程,实现档案资源的数字化转型,逐步建立以档案数字资源为主导的档案资源体系。做好电子档案的接收管理工作,加快档案文件级整理,实现档案文件级目录检索,优化档案检索工具,提高档案的查准率、查全率。着力开展档案鉴定工作,对档案开放进行鉴定划控,对档案信息进行系统整理、扫描,完成对档案的数字化处理。对于政务公开信息,经全文数字化扫描后,应及时予以公布,方便社会公众随时随地查阅政府公开信息。

四、档案信息化管理的应用系统建设

档案的信息化建设工作的开展可以提高档案管理的效率。虚拟化档案管理平台的建立可以有效实现档案资源的整合,最大限度地提高档案管理资源利用率。档案的信息化建设是档案管理方式的巨大转变,档案的电子信息化,可以将纸质档案、图像等信息转化为数字信息,减少了纸质档案的空间占用,提高了档案管理的空间利用率,减少翻阅、查询纸质档案带来的人为磨损。

通过数字化管理平台，档案管理人员可以对档案进行分类整理和查阅，大大提高了工作效率，实现了对档案的高效便捷管理。

全面推进档案信息化工作向更深层次、更广范围开展，深化档案管理中信息化的重要作用，实现档案信息化战略转型，规范电子文件归档和电子档案的管理。建立健全档案信息资源共享机制，推动电子档案跨部门、跨行业、跨领域互通、互认、互用。推动数字档案馆的建设，推动超高清、VR等新技术在档案馆等公共文化设施中的普及应用，推进民生档案便民服务。

坚持以服务为向导，以档案管理智能化、档案服务便捷化为目标，构建档案综合管理平台、智慧档案馆综合管理平台和档案安全一体化管理平台建设项目。档案信息化管理平台的建立，相比于传统的人工检索方式，大大提升了档案检索效率，可以使档案管理工作主动融入数字经济、数字社会、数字政府建设中，推动档案管理全面纳入国家大数据战略。强化电子档案管理要求，把档案信息化建设纳入本单位本部门信息化发展规划，保障档案信息化建设依法依规开展。加强专用局域网络建设及档案信息化设施设备配备，不断提升档案信息化能力，推动档案信息化建设迈上新台阶。不断优化电子档案的管理，开展新档案管理思维和模式，紧密围绕档案的收集、管理、利用等环节，通过功能设计，优化档案的收集和利用，实现数据管理的自动化、智能化。完善识别、检索功能，进行智能分析筛选，实现档案信息系统和计算机的完美对接，对于档案资料的收集、整理、查询、利用都产生了积极的影响，大大提高了档案管理的科学性和合理性，非常有利于整合档案资源、扩大档案的服务范围。

档案的信息化应用系统建设，应严格按照《纸质档案数字化规范》《数码照片归档与管理规范》等有关法律法规的要求。档案管理工作人员对档案信息进行数字化处理，做好档案的收集、整理和归档工作，提高档案收集的全面性；由于涉及的档案资料比较多，可以与第三方专业机构进行合作，保证档案信息化管理工作的顺利进行，夯实档案信息化系统化建设基础。建立健全档案管理数据库，作好纸质档案的数字化录入，提高档案数据的完整性，检查档案数字化处理的准确性。做好电子档案的加密工作，防止文件丢失。

建立档案信息化应用系统，使用先进的信息技术，实现对档案数据信息的获取、传递、整理及存储等。借助信息管理系统，对档案进行分类处理，构建健全的档案信息数据库。做好电子目录数据，实现档案资源共享目标，保证档案数据信息安全可靠。加强档案信息化应用系统功能设置，完善对档案功能的分类，对系统档案进行细化规划，对档案管理系统和政府政务系统等进行合理对接，为档案信息公开和利用提供条件保障。加大力度开发档案自定义功能管理系统，对档案进行科学分类，提高档案自定义功能管理系统的可靠性。制定档案信息化应用系统日常维护和管理措施，定期对信息化系统的安全性能进行全面检查，并做好档案信息系统的升级和试运行工作，及时解决存在的问题，保障档案信息系统的安全运行。以动态化管理的方式开展档案管理工作。为保证档案信息化应用系统的安全性，档案管理工作人员可以设置防火墙等，避免受到不法入侵。

随着大数据技术研发力度的不断加大，档案信息化应用系统要随着不断的升级将计算机技术运用到档案管理工作中，可以有效提高档案管理的工作质量，优化档案人力资源，提高档案信息的开发利用水平。积极构建档案管理信息化框架，将档案的信息化建设贯穿档案管理工作的始终。

五、档案信息化管理的标准规范建设

成立档案信息化建设领导小组，全面加强对档案信息化建设工作的领导、协调、检查督促。建立档案信息发展保障机制，严格按照标准，制定档案信息化建设工作方案，编制任务清单，落实建设责任，明确时间节点，层层传导压力。协调解决存在问题，确保档案信息化建设和工作扎实有序推进。使信息技术在档案管理中得到广泛应用，信息化建设和档案各项工作深度融合。不断提升档案的信息化、数字化、智能化水平，使档案管理工作向数字化转型。实现数字储存、电子审批、线上阅档，既可以极大地提高工作效率，又可以有效保障纸质档案的安全。电子档案信息具有易于形成、便于修改、存储方便、便于利用、节能环保、高效便捷等特点，可有效提高档案管理工作效率和档案的利用率。

进一步完善档案信息化发展保障机制，使档案信息化建设融入数字中国建设中，使新一代信息技术在档案工作中的应用发展更为广泛。档案的信息化建设与档案事业的各项工作深度融合，档案工作逐步实现数字转型，不断提升档案管理数字化、智能化水平。

建立健全档案信息资源共享机制，推动档案资源共享平台建设，实现档案信息化战略转型。建立档案信息化管理的统一平台，建立数字档案馆，推进民生档案便民服务。档案工作需要和其他行业加强交流合作，拓展合作新模式，进一步扩大档案的影响力，进一步发挥档案的参考凭证作用。推进以档案数字资源为核心的档案信息化建设，档案信息化的内容包括：电子文档的收集、整理、归档、保存工作，电子档案的互通互用，前沿的信息技术在档案行业的应用，档案资源共享平台建设和数字档案馆建设等。

六、档案信息化管理的安全保障建设

加强对档案的安全管理，提高档案信息的安全性，保证档案的实体安全和信息安全，建设档案信息化安全管理文化，提高档案安全管理的"软实力"。档案信息化安全管理文化是以档案的安全管理价值观为核心的，档案保管单位及其工作人员为实现档案信息化安全所实施的一系列安全管理实践活动的理念。档案信息化安全管理文化规范约束着档案安全管理人员的工作行为，在档案的信息化安全方面发挥着举足轻重的作用。制定《档案信息化安全制度》《档案信息化突发事件应急处置管理办法》《档案信息化风险评估指标体系》等档案信息化安全管理规章制度，规范档案管理单位和档案管理人员在档案信息化安全管理活动中的行为，使档案管理单位和档案管理人员在档案的信息化管理工作中有章可循、有据可依。档案的信息化安全是档案安全管理的重要组成部分，坚持"安全第一、预防为主"的安全工作方针，坚持档案安全是档案工作的生命线的原则，引导和规范档案管理单位和档案工作人员的档案安全管理活动。

全面检查硬件设施的质量和状态，对硬件设施的功能以及使用性能等进行全面分析，确保硬件设施在安全的环境中运行。定期对电脑、线路、服务器进行检测调试,对老旧设备及时进行整修更换。多元化保障防护系统,在系统中安装适合的杀毒软件以及防火墙,更新功能设置,定期进行系统升级。对管理权限进行科学设置,在档案资源共享的同时,提高对档案信息保护的力度,确保档案信息的安全。

第五章　档案治理体系在专题档案管理中的应用实践

全面贯彻习近平新时代中国特色社会主义思想，按照"四个好""两个服务"的要求，做好以档存史、以档资政、以档育人工作，助力提升档案管理水平，建立专项档案工作协调机制，加强对重点领域档案的监管力度。积极做好与人民群众生产生活密切相关事项档案的管理工作，更好地服务和支撑社会经济的发展，更好地服务于人民群众。

第一节　国家重点档案管理

国家重点档案，是指在中国各个历史时期形成的，在经济、政治、文化、社会、生态文明、军事、外事、科技等方面具有重要价值，国家需要永久保存的珍贵档案。国家重点档案不仅仅是文件资料，而且是历史的记忆，是巨大的文化财富。其主要包括：反映纳入中国共产党人精神谱系的伟大精神的档案；1949年以前，反映中国共产党及其领导的革命组织、革命根据地、革命政权以及革命活动家的档案；1949年以来，反映中国共产党史，中华人民共和国史，改革开放史，社会主义发展史上重大活动、重大事件、重要会议、重要人物的档案；1949年以前，反映各个历史时期的政权机构、社会组织和著名人物的档案；1949年以前，反映各个历史时期的社会制度、社会生产和社会生活的档案；经省级档案部门鉴定推荐，并报国家档案局批准确认的其他重要档案资料。档案是历史的真实记录，国家重点档案是档案中的珍品，在服务党和国家的中心工作、维护国家利益、赓续红色血脉、坚定文化自信、构筑民族记忆共同体等方面发挥着不可替代的重要作用。

党和国家高度重视档案的保护和开发工作。"十三五"以来，档案的保护与开发投入大幅递增，在中央财政和地方财政资金的支持下，按照开发带动保护的总体思路，档案的保护与开发工作得到不断加强，特别是国家重点档案保存现状得到明显改善，开发利用水平明显提升，档案的价值和作用得到社会认可。国家重点档案目录基础体系建设快速推进，目前已完成近亿条国际重点档案文件级目录著录和采集工作，解决了长期以来历史档案缺少文件级目录的问题，在摸清历史档案家底的同时有效推动了档案的整理和数字化。

国家重点档案开发成果丰硕。冀南银行是抗日战争时期中国共产党在晋冀鲁豫抗日根据地建立的红色银行，是新中国金融的摇篮、中国人民银行的主要前身。邢台是冀南银行的主要发起地和活动地，大量珍贵的档案材料在邢台市档案馆保存，属于国家重点档案。《冀南银行档案汇编》在建党100周年之际，被国家档案局列为国家重点档案开发项目。《抗日战争档案汇编》为国内外学术界输送了丰富的档案文献，这些档案汇编中所收录的档案是证实日本侵华行径的最好证据。

档案保护与开发工作呈现出良好的发展态势和前所未有的机遇。国家重点档案保护与开发工作体系进一步完善，在档案保护与开发理论研究、技术创新、开发模式、人才培养、成果推广等各个方面实现有效突破，进一步加大国家重点档案的编研开发力度，充分发挥档案资政育人的作用，更好地为社会经济服务。

国家重点档案保护状况进一步改善，档案保护与开发工作水平全面提升，档案保护与开发成果更好地服务于党和国家的中心工作，服务于经济社会发展，更多地惠及人民群众。推进国家重点档案的研究编纂工作，推出了中国共产党党史、新中国史、改革开放史、社会主义发展史等档案开发成果。举办国家重点档案专题档案展览，对列入中国档案文献遗产名录的档案基本完成预防性保护，建成中国档案文献遗产展示平台和档案开发利用成果推介平台等。构建国家民族记忆传承体系，对列入中国档案文献遗产名录的档案有针对性地开展预防性保护，提升珍贵档案文献遗产的保护利用水平。珍贵档案进行专题化、系统化开发，开展对服务于党和国家工作、服务于经济社会发展的档案的开发利用，重点支持对抗日战争等重大历史事件档案文献进行系统的开发利用。对能体现并维护国家主权安全、国土安全、文化安全、社会安全的档案文献进行系统的开发利用；对能体现民族团结、边疆历史的档案文献进行系统的开发利用，利用档案资源大力培育中华民族共同体意识，服务党和国家治边安边。

面向社会公开征集评选珍贵档案，重点征集在新民主主义革命时期、社会主义革命和建设时期、改革开放和社会主义现代化建设时期、中国特色社会主义新时代四个历史时期形成的重要档案资料，具体包括档案文献、档案实物、音像资料等，经专家鉴定评审符合具有收藏价值的档案，作为珍贵档案予以收集保护。提升档案抢救保护技术水平，构建综合档案馆馆藏档案抢救保护制度体系和技术标准体系。开展对档案酸化、档案水淹或浸泡、字迹图像退化等问题的抢救保护技术研究，形成较为成熟的解决方案。加强对档案抢救保护专用技术工具、材料介质以及设施设备的研究，提出档案保护设施设备配置方案。加强档案保护基础条件建设，对于所需的专用工具和材料以及必要的设施设备给予配套支持，整体提升档案馆的档案保护技术水平。进一步建立健全国家重点档案保护制度，规范档案保护利用流程，建立档案抢救保护信息管理平台，建立档案保护记录机制，加大对重点档案的保护管理培训力度。健全培训机制，充实培训内容，扩大培训范围，注重对档案专业人才的培养与储备，加快对于档案保护与开发方面的专业技能型人才和高素质复合型人才的培养，建立一支精准专业的技能型人才队伍，提升工作质量和效益。推动与古籍保护、文物保护等跨行业的交流与合作，更好地推动国家重点档案保护工作的实施。

对于国家重点档案保护与开发项目，进一步提升管理的精细化水平，包括进一步细化项目支出标准、进一步规范项目绩效目标，特别是要加强绩效评价和监督检查。国家档案局组织申报国家重点档案保护与开发工程项目，明确规定了申报范围和程序，并作出具体要求，组织开展对国家重点档案重大专题开发项目的验收工作。国家重点档案保护与开发工程项目申报范围为国家重点档案基础体系建设项目和国家重点档案专题保护开发项目。其中，国家重点档案基础体系建设工作以提高历史档案资料目录中心建设水平为方向，以加强历史档案保管保护基础性工作为重点，优先围绕革命历史档案、新中国成立初期大行政区档案，实施国家重点档案基础体系建设项目，也可围绕馆藏有较高价值的明清档案、民国档案，实施国家重点档案基础体系建设项目。国家重点档案专题保护开发项目包含重大专题保护开发任务和重点专题保护开发任务。重大专题保护开发任务主要围绕"喜迎二十大·档案颂辉煌"主题宣传活动、抗战档案汇编、少数民族和边疆历史档案文献开发、中国档案文献遗产宣传推介、中俄档案合作交流等内容组织申报。重点专题保护开发任务从更好地发挥档案工作存史资政育人作用的角度，重点围绕"四史"教育、党性教育、边疆治理、工业遗产保护、历史文化遗产传承、"一带一路"与跨文化交流等方向组织申报。

按照《国家重点档案保护与开发项目管理细则（试行）》相关规定，组织开展对国家重点档案重大专题开发项目的验收工作。国家重点档案重大专题开发项目政治性强、实施周期长、资金投入大。国家重点档案重大专题开发项目的验收工作以项目批复文件上的绩效目标为依据，结合以往年度的项目绩效评价结果以及此次要求报送的《国家重点档案重大专题开发任务自验收报告书》，重点验收绩效目标落实情况、专项资金使用情况、开发成果应用情况以及项目实施过程中的管理情况等，结合国家重点档案重大专题开发验收工作，全面总结近年来在项目组织实施方面的工作经验以及档案开发利用方面的成效，同时查找工作中的短板弱项，为"十四五"时期档案保护与开发工作开局起步创造良好条件。

国家档案局统筹领导"十四五"时期国家重点档案的保护与开发工作，省级档案部门加强对本区域国家重点档案保护与开发工作的组织协调和指导，各级档案馆在国家重点档案保护与开发中发挥主体作用。国家档案局支持各级档案馆对国家重点档案开展保护与开发，保证国家重点档案保护与开发工程在"十四五"时期顺利实施。进一步提高革命历史、民国、明清档案资料目录中心建设水平，继续推进《抗日战争档案汇编》编纂工程。实现国家重点档案保护与开发工程实时跟踪分析，建立健全评价机制，提升国家重点档案保护与开发项目的管理水平,确保国家重点档案保护与开发任务的圆满完成。

第二节 机关单位档案管理

机关档案工作是机关不可缺少的基础性工作,是机关管理工作的一个重要组成部分,是推进依法行政、促进科学决策、提高治理水平的必要条件,是保护单位和个人合法权益、维护机关历史真实面貌的一项重要工作,是反映机关综合管理水平的一个重要窗口。机关档案,是指机关在公务活动中形成的,对国家和社会有查考、利用和保存价值的各种形式、各种载体的信息记录。机关档案工作是档案工作开展的基础,是国家档案事业的重要组成部分。

树立机关全员的档案意识,提高对档案管理工作的重视程度,将档案工作制度纳入机关制度管理体系,建立健全机关档案管理体系;建立机关档案网格化管理,设立档案岗位,明确档案管理人员职责,配备专职兼职档案管理人员,潜心钻研业务知识,团结协作,爱岗敬业,求实创新;强化服务意识,不断提高机关档案管理人员的业务水平,学习先进的机关档案管理理念,学习计算机知识和电子档案的管理知识,注重理论和实际的结合,定期开展机关档案业务培训;充分重视档案的安全管理,制定档案安全管理应急预案,定期进行档案安全检查。

一、建立机关档案管理制度建设

机关档案工作实行统一领导、分级管理。国家档案行政管理部门负责全国机关档案工作的统筹规划、组织协调、统一制度,负责中央和国家机关档案工作的监督、指导和检查。地方档案行政管理部门在上级档案行政管理部门的指导下,负责本行政区域内机关档案工作的统筹协调、制度建设,负责本行政区域内机关档案工作的监督、指导和检查。

机关应当加强对档案工作的组织领导,将档案工作纳入整体规划、年度工作计划和考核体系，与业务工作同步部署、同步实施、同步发展。建立由分管档案工作的单位负责人、机关档案管理部门及相关部门负责人组成的档案工作协调机制，协调处理本机关、本系统档案工作重大事务和重要事项。按规定设立档案工作机构，不具备档案工作机构设立条件的机关，应当指定档案工作负责部门。应当配备与工作量相匹配的专职档案工作人员，具体承担机关档案业务工作，负责机关文件材料的收集、整理和归档工作。机关应当建立以机关档案部门为中心，由相关人员组成的机关档案工作网络。组织档案业务交流和档案工作人员培训，开展档案宣传、教育活动，对于在档案工作中取得突出成绩的部门或个人，向机关提出表彰奖励建议，对于违反档案管理要求的部门或个人，向机关提出处理建议。

1. 加强机关档案管理的基础设施建设

档案库房是存储档案的重要场所，实现办公、阅览、库房"三分设"，实现档案库房"八防"。档案库房按要求配备防火、防盗、虫霉防治、防光照明及温湿度记录控制设备，做好档案库房的安全保障工作，确保机关档案安全。档案装具在规格、样式、质量等方面应按照国家、省档案管理部门的规定，规范统一，特殊载体的档案应配备专用柜架。根据档案管理工作需要，应配备各种设备设施，如打印机、扫描仪、照相机、计算机及服务器、光盘刻录机、硬盘等。

《机关档案管理规定》中明确规定，机关档案工作所需的基础设施配备和维护经费，档案日常管理工作经费，档案信息化建设经费，档案宣传、培训等其他经费，应当列入机关年度财政预算。

机关单位应当分别设置档案办公用房、整理用房、阅览用房和档案库房，并根据工作需要设置展览用房、档案数字化用房、服务器机房等。档案库房应当根据载体类型分别设置，不具备条件的机关应当根据载体类型分区设置。县级或形成档案数量较少的机关设置库房以外其他档案用房时，可以按照办公、整理、阅览等基本功能分区设置。档案办公用房面积按照《党政机关办公用房建设标准》执行。阅览用房面积应当满足不同类型档案阅览需求，满足涉密档案与非涉密档案分区阅览的需要。

档案库房面积应当满足机关档案法定存放年限需要，整理用房、展览用房、档案数字化用房、服务器机房等用房面积应当满足业务开展需要。档案用房宜集中布置，自成一区。档案办公用房选址应当便于档案库房管理。档案库房不得毗邻水房、卫生间、食堂（厨房）、变配电室、车库等可能危及档案安全的用房。档案库房选址应当防潮、防火、避免阳光直射，利于档案保护。

档案库房的装具布置、门窗设置应当符合《档案馆建筑设计规范》。机关档案库房应当根据需要配备符合国家规定的密闭五节柜、密集架、光盘柜、地图柜等档案装具，不得采用木质柜、玻璃门柜等装具。档案整理台、档案梯、移动置物架、档案盒、装订用品等配备应当满足工作需要。机关档案库房应当做好档案防火、防盗、防紫外线、防有害生物、防水、防潮、防尘、防高温、防污染等防护工作。配备温湿度监测调控系统，安装漏水报警设备。保存重要档案或具备条件的，应当安装恒温恒湿设备，必要时可配备通风换气、空气净化设备。档案库房应当配备消防系统，根据档案重要程度和载体类型的不同，可以选择采用洁净气体、惰性气体或高压细水雾灭火设备。档案库房应当安装甲级防火门，配备火灾自动报警设备。档案库房应当安装全封闭防盗门窗、遮光阻燃窗帘、防护栏等防护设施，可以选择设置智能门禁识别、红外报警、视频监控、出入口控制、电子巡查等安全防范系统。整理用房、阅览用房、档案数字化用房应当设置视频监控设备。

机关档案工作人员应当监测和记录库房温湿度，根据需要采取措施调节；定期检查维护档案库房设施设备，确保正常运转；定期清扫除尘，保持库房清洁；定期采取措施，防治鼠虫霉等。机关档案部门应当定期组织人员对档案数量进行清点，对保管状况进行检查，定期对电子档案的保管情况、读取状况等进行检查，发现问题应当及时处理，并建立检查和处理情况台账。应当及时对受损、易损档案进行修复、复制或其他技术处理。档案修复应当保持档案内容的完整，尽量维持档案原貌。档案修复前应当做好登记和检查工作，必要时进行复制备份并作出修复说明。

机关应当按照档案信息化要求，大力开展数字档案室建设，建设或配备能够满足库房现代化管理、档案数字化、电子文件及电子档案管理需求的基础设施设备。配备的网络基础设施、系统硬件、基础软件、安全保障系统、终端及辅助设备应当满足档案信息化的管理需要。机关档案部门应当配置独立的专业服务器和专用存储设备，服务器和存储设备应当满足高效、可用、可扩展等要求。积极推进智能库房建设，智能库房管理基础设施设备应当满足温湿度调控、漏水监测、消防报警、安全防范、视频监控等系统集成管理以及其他智能管理的需要。

2. 加强机关档案管理的基础业务建设

贯彻落实《档案法》的规定，提升对档案工作的高度认识，增强全员的档案意识，树立依法治档的观念，明确档案发展目标，规范机关档案管理，制定和完善机关档案管理工作制度，使机关档案管理工作有法可依、有章可循，把档案管理工作纳入责任制和考核范围，扎实推进档案管理各项工作的开展，不断提升机关档案管理水平。

加强档案业务基础建设，做好机关档案的收集、整理、保管、鉴定、统计工作，根据分类方法、保管期限，严格按照规定，使档案的归档率、完整率、齐全率均达到国家档案管理标准。

机关的全部档案应当集中、统一管理。机关档案管理应当维护档案的真实、完整、可用和安全，便于检索、利用和开发。机关档案包括文书、科技、人事、会计档案及机关履行行业特有职责形成的专业档案，包括印章、题词、奖牌、奖章、证书、公务礼品等实物档案，照片、录音、录像等音像档案等。电子档案与传统载体档案具有同等效力。

机关全部档案构成一个全宗，机关应当建立并定期完善全宗卷。全宗卷应当包含全宗背景、档案状况、工作制度、管理记录等内容，编制要求应按照《全宗卷规范》。机关档案管理应当做到收集齐全完整、整理规范有序、保管安全可靠、鉴定准确及时、利用简捷方便、开发实用有效。涉及国家秘密档案的管理应当符合保密管理的相关规定。

机关履行职责过程中应当按照有关程序和要求形成归档文件材料。文件材料形成时，应当采用耐久、可靠、满足长期保存需求的记录载体和记录方式。归档文件材料应当真实、准确、系统，文件材料组件齐全、内容完整。

机关档案的归档范围是能够反映机关主要职能活动和基本历史面貌的，对本机关工作、国家建设和历史研究具有利用价值的文件材料，机关工作活动中形成的在维护国家、集体和公民权益等方面具有凭证价值的文件材料，本机关需要贯彻执行的上级机关、同级机关的文件材料，下级机关报送的重要文件材料等都要作为机关档案的归档材料。在机关档案管理中，要按照机关档案归档范围规定，将档案资料收集齐全，保证档案资料的齐全、完整、准确归档。机关档案的收集范围包括：机关在日常公务活动中形成的归档文件材料，机关设立临时机构处理专项工作、处置突发事件、举办重要活动等形成的归档文件材料，机关承担重大建设项目、重大科研课题等形成的归档文件材料，机关所属机构撤销形成的归档文件材料，机关向社会和个人征集的、与机关有关的文件材料等。

根据《档案法》《机关档案管理规定》等法律法规规章的要求，编制本单位文件材料归档范围和档案保管期限表，文件材料归档范围和档案保管期限表应当全面、系统反映机关主要职能活动和基本历史面貌。及时收集形成的归档文件材料，其中文书档案的收集范围按照《机关文件材料归档范围和文书档案保管期限规定》制定执行，会计、科研、基建档案收集范围应当分别符合《会计档案管理办法》《科学技术研究项目档案管理规范》《建设项目档案管理规范》及《国家电子政务工程建设项目档案管理暂行办法》的规定。照片档案的收集范围应当符合《照片档案管理规范》，其他门类档案收集范围按照国家相关规定执行。

加强规范管理，全面提高机关档案管理质量和水平。机关档案整理应当遵循文件材料的形成规律，保持文件材料之间的有机联系，区分不同价值，便于保管和利用，逐步推进卷件融合管理。机关档案管理应根据不同门类、载体或形式的档案的分类方法，便于档案的统一管理和利用。文书档案、照片档案、录音档案、录像档案、实物档案一般以件（张）等为单位进行整理，科技档案、人事档案、会计档案一般以卷为单位进行整理。机关档案应当逐卷或逐件编制档号。应当编制检索工具，满足手工检索和计算机检索需要。按机关档案立卷步骤要求，对档案进行分类整理，使案卷整理排列有序。

加强对档案资源的收集工作，丰富机关档案资源。为档案资源的开题提供物质基础。档案收集工作是档案信息汇总的主要渠道，丰富的档案信息资源是机关档案开发利用的物质条件。机关档案管理人员应积极主动地不断扩展收集范围、不断发掘档案资源，建立起分门别类，结构层次清晰、知识覆盖面有深度、有广度的信息资源库，把机关档案室发展成为多层次全方位的现代化综合性档案室。对档案资源进行有效整理，例如机关档案经文书或业务部门整理完毕后，应当在第二年6月底前向机关档案部门归档，采用办公自动化或其他业务系统的，应当随办随归。归档时交接双方根据归档目录清点核对，并履行交接手续，保证归档的档案资料结构完整、格式规范。机关档案实现随办随归的，还应当按规定履行登记手续，归档文件材料应当为原件。

根据档案载体的不同要求对机关档案进行存储和保管。档案存储和保管应当确保实体安全和信息安全。制定档案管理应急预案并定期组织演练，以应对突发事件和自然灾害。档案管理应急预案应当纳入机关总体应急预案。定期对已达到保管期限的档案进行鉴定处置。鉴定工作应当在档案工作协调机制下进行，由机关档案管理部门会同相关业务部门有关人员组成鉴定小组共同开展，必要时可邀请相关领域专家参与。鉴定结束后，应当形成鉴定工作报告。对仍需继续保存的档案，应当重新划定保管期限并作出标注；对确无保存价值的档案，应当按规定予以销毁。档案部门经办人、相关业务部门经办人在档案销毁清册上签署意见，机关档案部门组织档案销毁工作，并与相关业务部门共同派员监销。监销人在档案销毁前，应当按照档案销毁清册所列内容进行清点核对；在档案销毁后，应当在档案销毁清册上签名或盖章，销毁清册应当永久保存。涉密档案的销毁应当符合《国家秘密载体销毁管理规定》。

机关档案工作人员应当政治可靠、遵纪守法、忠于职守，具备胜任岗位要求的工作能力；熟悉机关工作，具备档案管理、信息管理等相关知识背景；定期参加业务培训，学习档案管理知识，学习构建档案发展新格局的理论知识。档案工作人员调离岗位或退休的，应当在离岗前办好交接手续。涉密档案工作人员的调离应当按照国家有关保密法律法规执行。加强机关档案工作作风建设，提升机关档案管理人员工作水平。弘扬正能量，树立新风气，勇于担当，坚守自己的岗位，永葆奋斗精神，开拓新征程，建立一支学业务、懂业务、干业务的专业档案管理队伍，推动机关档案管理工作更加主动，全面融入档案工作发展大局。

3.加强机关档案的信息化建设

机关应当加强档案信息化工作,将机关档案信息化工作纳入机关电子政务和信息化总体规划。机关档案信息化工作系统互联互通,资源共享共用。统筹传统载体档案数字化、电子文件归档与电子档案管理工作。建立档案数字化常态机制,有序开展档案数字化工作。档案数字化应当符合真实性管理要求,数字化过程的元数据应当收集齐全,数字复制件应当保持原貌并纳入电子档案管理系统统一管理。积极实施纸质档案数字复制件的全文识别,将现有图像数据转化为文本信息,便于检索和开发利用。按照《电子文件归档与电子档案管理规范》建立电子文件归档与电子档案管理制度,积极推进机关办公自动化系统建设进程。按照电子文件分类方案、归档范围与保管期限表和整理要求,在电子文件形成时自动或半自动开展鉴定、整理工作,实施预归档。

电子档案管理系统应当功能完善、适度前瞻,满足电子档案真实性、可靠性、完整性、可用性管理要求。电子档案的文件格式和质量应当符合标准要求,满足长期保存和同级国家综合档案馆进馆要求。制定电子档案备份方案和策略,采用磁带、一次性刻录光盘、硬磁盘等离线存储介质对电子档案实行离线备份。具备条件的,应当对电子档案进行近线备份和容灾备份。

统筹开展传统载体档案数字化、电子文件归档与电子档案管理的安全保密工作,采取有效措施严防信息篡改、丢失、外泄。涉密档案数字化、涉密电子文件归档与电子档案管理应当严格遵守保密规定。

在全社会信息化的进程中,应顺应时代要求,不断运用新兴技术解决新问题,探索机关档案发展新模式,开启机关档案信息化建设新时代。充分利用网络,推动机关档案的信息化建设进程,提供利用、开发档案信息资源,对档案管理软件不断升级,实现计算机存储、检索、分类、统计、数据的输入转出等功能,加强对于电子档案的管理。

机关业务系统是机关在信息化条件下履行主要工作职责、办理机关核心业务的重要信息平台,业务系统形成和收集的各类数据资源是国家数字档案资源的重要组成部分。推进机关业务系统电子文件归档与管理工作是优化政务环境、打造数字政府的重要基础性工作，是提升档案治理和服务效能的有力举措，对于加强政务信息化建设、推动公共数据开放共享、不断提高数字化政务服务效能具有重要意义。加强电子档案长期保存技术和管理研究，推动档案信息平台建设，逐步实现综合档案的互联互通，推动共享平台建设，推进档案资源的共享利用，促进档案信息资源共享、质量和服务同步提升。

4.加强机关档案的开发利用

机关档案是机关单位历史的真实、全面反映，是维护单位权益的重要工具，是机关单位规范管理的基础，是开展单位文化建设的重要素材。机关档案承载着机关单位发展的历史信息，也对机关单位乃至社会的发展起到至关重要的作用。机关档案的开发利用意义重大。

积极推进机关档案信息的开发利用，充分发挥机关档案价值。充分利用机关库藏档案信息资源，开展编研工作，完成全宗介绍、组织沿革、大事记、基础数字汇编、专题文件等编研材料。机关档案为领导科学决策提供参考，为机关各项工作的开展提供真实可靠的依据，发挥不可替代的重要作用。按照《中华人民共和国政府信息公开条例》等有关规定，及时向同级国家综合档案馆提供主动公开的政府信息文件资料。

积极开展档案利用工作，建立健全档案利用制度，履行查阅手续，完善统计工作，对所保管档案的利用情况定期统计并建立完备的台账和利用效果反馈记录。机关应当加强对档案工作变化情况的分析，为决策提供参考。

高质量开发利用机关档案信息资源。提升检索功能，建立检索工具体系，实现准确查找信息并检索利用。采用现代化手段，使机关档案管理由手工录入到高科技方式转变。计算机索引系统存储量空间容量大，提取输入速度快，存储信息还可以进行远距离传播，实现信息分享，极大地提高了机关档案利用效率。大力开展成果应用，鼓励将业务系统归档工作成果应用于电子档案单套管理和数字档案室建设。效果评估同时符合电子档案单套管理一般要求的，可以依程序认定为通过单套管理可行性评估；同时符合数字档案室建设要求的，可以依程序认定为全国示范数字档案室或国家级数字档案室。

第三节 红色资源档案管理

红色档案，即革命历史档案，是指1949年以前，反映中国共产党及其领导的革命组织、革命根据地、革命政权以及革命活动家的档案。红色档案是党和国家历史发展的真实记录，蕴含着党为中国人民谋幸福、为中华民族谋复兴的初心和使命。在中国共产党成立百余年的壮阔历史中，一代代优秀的共产党人，秉持这样的初心和使命，为了国家和人民的利益，鞠躬尽瘁，死而后已，书写了璀璨的奋斗篇章。红色档案用大量鲜活的历史史料，诉说着共产党人不忘初心使命的生动故事，讲述了老一辈革命家心忧天下、心系人民的济世情怀，清晰展现了伟大的中国共产党带领中国人民在中国革命、建设、改革开放的伟大历史进程中，迈出的坚实的每一步，伟大的中国共产党带领中国人民也必将会为新时代共产党人奔赴初心使命写下精彩华章，进一步激发了党员们的创新意识和爱国情怀，坚定了理想信念和为人民服务的宗旨。

中国共产党在百余年的奋斗历程中，团结带领全体中国人民，取得了令世界瞩目的伟大成就。1921年7月，随着中国共产党的成立，中国的面貌焕然一新，相继取得了中国革命、建设和改革开放的世纪成就，实现了中国人民从站起来、富起来到强起来的伟大飞跃。回顾这段峥嵘的历史，充分汲取档案在砥砺前行中积累的成功经验和历史启示，将有助于我们坚定理想信念，为实现中华民族伟大复兴的中国梦凝聚起磅礴的时代正能量。中国共产党人以坚定的理想信念和不懈奋斗的精神开创历史，坚定相信历史发展的正确方向，充分肯定历史的重要成就和价值。党的奋斗史凝聚着中国共产党坚定历史自信的最大底气，红色档案具有历史贡献和时代价值。

党的十八大以来，以习近平同志为核心的党中央领导人民自信自强、守正创新，创造了新时代中国特色社会主义的伟大成就，全面建成小康社会目标如期实现，如今，正昂首阔步带领全体中国人民朝着第二个百年奋斗目标奋勇前进。中国在国际事务中正发挥着越来越重要的作用。中国共产党以强大的历史自信，始终肩负起一个大国的责任，为积极构建人类命运共同体、推动"一带一路"建设、解决人类发展等重大问题，贡献中国智慧和中国方案。总结党在百年奋斗中所取得的辉煌成就，记录新时代带领全体中国人民奋斗篇章，对于我们增强道路自信和理论自信、实现中华民族伟大复兴的中国梦，具有重大的现实意义。认真贯彻落实习近平总书记对档案工作的重要批示："把新时代党领导人民推进实现中华民族伟大复兴的奋斗历史记录好、留存好。"加强档案服务，得到更广泛人民群众的支持，有效推进档案事业可持续发展；弘扬党领导人民在各个历史时期奋斗中形成的伟大精神，推动弘扬革命精神和红色资源价值转化；突出红色档案的重要性，深度挖掘红色档案资源，推出系列档案精品，打响红色档案品牌，充分发挥红色档案价值，通过红色档案感悟历史，汲取力量。

用档案生动阐释党的百年奋斗重大成就和历史经验，大力宣传以习近平同志为核心的党中央团结带领全国人民走过的非凡历程和取得的辉煌成就，全面展现党和国家事业的新变化新面貌新气象，教育引导广大党员、干部弘扬伟大建党精神，坚守初心使命，深刻领悟"两个确立"的决定性意义，不断增强"四个意识"、坚定"四个自信"、做到"两个维护"。继续与新华社、央视等中央媒体加强合作，推出形式多样的档案宣传精品力作。为贯彻落实习近平总书记关于做好新时代档案工作的重要批示，更好地服务于党史学习教育常态化长效化和全社会"四史"宣传教育，主题展览将继续到各地举办，与地方档案部门形成办展合力，更好地汇聚起奋进新征程、建功新时代的强大力量。党的二十大闭幕后，各级档案部门要按照党中央及各级党委部署安排，认真做好党的二十大精神宣传教育和学习培训工作，结合档案工作实际抓好贯彻落实。

充分发挥档案在"四史"教育和党性教育中的重要作用。各级档案部门特别是综合档案馆要强化宣传教育功能，面向大中小学生举办档案特色红色研学实践活动，积极推动红色档案故事进基层；深化拓展党史学习教育，努力打造"四史"教育、爱国主义教育的重要基地；继续办好党性教育主题教室，搭建党员、干部党性教育平台。

各级档案部门要严格落实意识形态工作责任制，加强各类档案宣传思想阵地建设和管理。《中国档案报》《中国档案》杂志等档案行业媒体要浓墨重彩开展重大主题宣传，用档案讲好中国共产党的故事、讲好新时代的中国故事，巩固壮大主流思想舆论。坚持唯物史观和正确的党史观，善于拿起档案武器反击各种历史虚无主义，维护党和国家根本利益。

实施红色档案资源保护开发。以中国共产党的发展历程为主线，对党的重要历史文献进行系统排查，对于濒危档案、重要档案要及时开展保护工作。按照国家统筹、突出重点、规范有序的原则，系统开展党的重要档案文献调查和征集工作。加强对中国共产党领导人民在革命、建设、改革开放和新时代形成的具有历史价值、教育纪念意义的档案文献的保护与开发，重点对反映中国共产党人精神谱系的伟大精神的档案进行集中开发利用，弘扬光荣传统，赓续红色血脉。通过举办主题展览、出版读物、开设专栏、拍摄纪录片等多种方式，生动阐述和广泛宣传中国共产党的历史贡献，反映在中国共产党的领导下，各民族团结发展的历史成就。

深入挖掘红色档案信息资源，充分发挥红色档案优势，利用档案平台，按照习近平总书记"让历史说话，用史实发言"的重要指示精神，围绕爱党爱国爱社会主义主题，用档案讲好中国共产党初心使命的故事，开展用档案讲党史系列活动，拍摄制作纪录片，出版红色档案选编书籍，通过翔实的档案史料和生动的故事脉络，回忆红色档案背后的历史，助力党史学习教育，全面生动展示党的百年光辉历程、伟大成就和宝贵经验。加强档案的保护与开发，把蕴含党的初心使命的红色档案保管好、利用好，把新时代党领导人民推进实现中华民族伟大复兴的奋斗历史记录好、留存好，充分发挥档案工作存史资政育人的作用，更好地服务党和国家工作大局。积极建设红色档案异地跨馆查询利用平台，实现红色档案资源共享，服务于新时代中国特色社会主义事业建设，服务于广大人民群众的生产生活。

历史无声，档案有痕。国家重点档案开发成果丰硕，一系列红色档案传承和弘扬了红色基因，发挥档案在理想信念教育中的重要作用，成为开展党性教育、"四史"教育的鲜活素材，有效推动了历史档案的整理和数字化，形成了一批形式和内容结合、特色和成效兼有的档案开发成果。推出了抗日战争档案汇编成果、侵华日军罪行档案汇编成果，捍卫了历史真相，做到了"让历史说话，用史实发言"。河北档案馆举办"不忘初心、牢记使命"红色主题教育档案展览，通过参观档案专题展览及档案珍品，感受红色档案，重温红色记忆，追寻红色足迹，牢记初心使命，铭记红色精神，是最生动的党课，是学习党史的党性教育平台，以档案的视角生动展现党的重大历史成就和历史经验，弘扬党的光辉历史和伟大功绩。红色档案资源将作为党史学习和宣传教育的重要内容，引导广大党员干部学史明理、学史增信、学史崇德、学史力行，弘扬伟大建党精神，激发奋进新征程、建功新时代的强大动力。造型壮观的南湖革命纪念馆里，一张张珍贵的照片、一件件珍贵的实物，重温着那抛头颅、洒热血的可歌可泣的光辉岁月，能让人们深深地感悟到中国共产党人用理想与信念、用生命与热血铸就的红船精神，是共产党人在创建党的伟大实践中形成的一种革命精神，是开天辟地、敢为人先的首创精神，是坚定理想、百折不挠的奋斗精神，是立党为公、忠诚为民的奉献精神，它贯穿于中国革命、建设和改革开放的伟大历程中。微纪录片《世说新语 档案百年》通过翔实的档案史料、鲜活的故事脉络，真实再现河北百年革命风云，一经播出，引起社会强烈反响。

　　创新红色档案的开发利用方式。加强对红色档案资源的开发利用和价值传播理论研究，不断创新红色档案开发利用模式，鼓励从单一成果类型向多层次、多形式、系列化成果转型。统筹实施红色档案跨区域联合开发和成果共享。加强红色档案资料目录著录和采集，积极探索目录数据挖掘应用。支持把纸质编研成果向多媒体复合出版转型，积极探索运用语音图像识别技术、虚拟增强现实技术等新手段，丰富档案陈列形式。建立红色档案资源开发利用成果宣传推介平台，推介红色档案开发利用优秀案例，鼓励通过多媒体宣传档案开发利用成果。江苏省推进雨花台红色基因库、南京大屠杀档案资料库建设；浙江省加强革命遗址、革命文物、革命档案保护和红色文化研究；福建省加强革命遗址保护利用，修订完善革命遗址名录和保护档案，大力弘扬古田会议和古田全军政治工作会议精神，是开展爱国主义教育的生动材料。

　　通过深度挖掘档案资源中的史料，找寻红色资源，创作文艺作品，打造技术精品，见证中国共产党百年辉煌，发挥档案传承红色文化、宣传红色文化的作用，建构民族记忆，积极拓展档案的生命力。红色档案资源在服务中心工作、维护国家利益、赓续红色血脉、坚定文化自信、构筑民族记忆共同体等方面发挥着不可替代的重要作用，进一步增强了我们对党的热爱之情，从而凝聚起干事创业的磅礴力量，推动我国各项事业取得更大的成就。

利用红色档案资源全力服务庆祝建党百年和党史学习教育，档案工作影响力空前提升。深入贯彻落实习近平总书记关于用好红色资源、赓续红色血脉的重要指示，紧紧围绕服务庆祝建党百年和党史学习教育，档案部门立足本职、主动作为，组织开展了一系列档案展览展示等活动，取得了良好政治效果和社会效果。中央档案馆国家档案局推出"三个一百"，即"百年恰是风华正茂"主题档案文献展、《红色档案——走进中央档案馆》百集微纪录片、《100个档案故事讲述党的历史》重大题材读物，用红色档案讲述百年来中国共产党人坚守初心使命的故事，解读百年大党风华正茂的成功密码和力量所在，打造了党史学习教育的生动课堂。百年展自开展以来，已有350多家中央和国家机关单位、首都各界3万余人到现场参观；20多个省（自治区、直辖市）同步举办该展，内蒙古、云南、安徽、山东、广东、湖北等地将展览办到地市，全国有近百万人参观展览。红色档案百集微纪录片在央视新闻微博的阅读量超4亿、今日头条推荐量超23亿，取得了"现象级"的传播效果。北京举办李大钊革命活动档案史料展等多个红色主题展览。上海、江苏、浙江、安徽举办长三角红色档案珍品展并在23个城市巡回展出，观众超60万人次。重庆、四川联合开展"印记100"川渝地区档案馆建党百年档案宣传系列活动，打造红色档案文化品牌。财政部、中国民用航空局、中国兵器装备集团围绕自身发展历程举办光荣历史展。各级档案部门积极参加庆祝建党百年"凝百年之辉，筑兰台之梦"微视频征集展播活动，共报送作品2100余部，100部优秀作品在新华网等主流媒体集中展播。在党的百年华诞这一重要历史时刻，档案部门抓住了历史性机遇，担负起了历史性责任，发挥了特殊作用，作出了特殊贡献。

不忘来时路，奋进新征程。百年大党风华正茂，百年初心历久弥坚。深情回瞻百年大党的光辉实践，深刻领悟其奋斗意义和历史启示，必将不断激励着我们，沿着党指引的正确道路，迎着民族复兴的壮丽前景，肩负起时代所赋予的历史重任，以更加奋发有为的姿态，昂首跨入崭新的天地。

第四节 精准扶贫和美丽乡村档案管理

党的十九大报告指出，农业、农村、农民问题是关系国计民生的根本性问题，必须始终把解决好"三农"问题作为全党工作的重中之重，实施乡村振兴战略。

国家档案局、国务院扶贫开发领导小组办公室制定了《关于做好精准扶贫档案工作的意见》和《精准扶贫档案管理办法》，以保障精准扶贫档案的真实、完整、系统和安全。精准扶贫档案，是指在精准扶贫工作中形成的，对国家、社会具有保存价值的文字、图表、声像、电子数据等各种形式和载体的历史记录。精准扶贫档案数量庞大、内容丰富、范围广泛、载体多样，涉及各级党委、政府和多个承担扶贫任务的相关部门，贫困县、贫困村、贫困户等广大帮扶对象，以及专项扶贫、行业扶贫、社会扶贫等各项内容。积极构建精准扶贫档案体系，发挥档案在巩固拓展脱贫攻坚成果等各项国民经济发展事业中的凭证作用和参考价值。

做好精准扶贫档案管理工作，是贯彻落实党的十九大精神和习近平总书记重要讲话精神的实际行动，是加快建设扶贫工作的重要抓手，是贯彻新理念、新发展的迫切需要，事关人民的根本利益。巩固拓展脱贫攻坚成果离不开档案的信息支撑。在新时期，精准扶贫是一项十分重要的工作，精准扶贫是指针对不同贫困地区、不同贫困农户的实际情况来运用最有效的方式对扶贫对象进行精确识别，精准帮扶以及精确管理的扶贫方式。精准扶贫档案管理工作是精准扶贫工作中的一项重要的基础业务工作，需要高度重视，充分做好精准扶贫档案管理，保证精准扶贫工作的有序开展。

精准扶贫档案管理工作任务繁重，工作方向复杂交叉，针对部门多，精准扶贫档案的管理和有效运用，对扶贫工作的开展起到了指导和监督作用。作好精准扶贫档案的合理设置，使档案管理思路脉络清晰明了，避免重复无用的劳动，提高档案管理效率。各级扶贫部门负责精准扶贫档案工作的组织实施，加强组织领导，将其与精准扶贫工作同步部署、同步实施、同步检查、同步验收。扶贫部门应统筹解决精准扶贫档案工作所需经费，建立符合安全管理要求的档案库房，配备满足档案保管要求的设施设备，提升档案管理人员的业务能力与素质水平，加强档案管理人员在扶贫攻坚档案管理方面工作的培训，提高档案管理专业知识水平，熟悉管理档案内容和分类，更快捷地做好档案的整理工作，能够提供准确数据和资料。建立信息安全保密防护体系，确保精准扶贫档案实体安全和信息安全，确保精准扶贫档案工作有效展开，各级档案管理部门负责精准扶贫档案工作的指导监督。

扶贫部门应将记录和反映本地、本单位精准扶贫工作各种门类、载体的档案应归尽归，收集齐全。建立精准扶贫档案管理台账，保存好工作中形成的文字、图表、音像、电子数据等各种形式的档案，制定《精准扶贫文件材料归档范围和档案保管期限表》。精准扶贫档案分为综合管理类、精准识别类、精准施策类、精准脱贫类、特殊载体类等类别。确定精准扶贫档案保管期限，归档的精准扶贫文件材料应字迹清楚、数据准确、图样清晰、盖章手续完备，印制书写材料、纸张和装订材料等符合档案长期保存要求，声像档案应配有相应的文字说明。依据《档案法》等法律法规，明确界定精准扶贫档案归档范围和保管期限。本着"脱贫一户归档一户、脱贫一村归档一村、脱贫一镇归档一镇"的原则，第一时间完成精准脱贫档案资料的归档工作。精准扶贫档案应按照《文书档案案卷格式》《电子文件归档与电子档案管理规范》《照片档案管理规范》等规定进行分类整理、立卷归档，村级精准扶贫贫困户文件应按一户一卷进行整理。对精准扶贫档案进行分类整理、编研，形成专题档案，全面反映脱贫攻坚全过程。脱贫验收评估组在进行脱贫验收时，应同时对形成的精准扶贫档案进行验收。规范精准扶贫档案管理，使精准扶贫档案收集齐全、管理规范、安全保管、高效利用，为扶贫工作的开展提供真实可靠的依据，有效促进精准扶贫工作规范有序、良性健康发展。

精准扶贫档案中的声像档案的收集和整理为促进扶贫工作的开展提供了生动直观的材料。在扶贫工作的过程中要加强对声像档案的收集整理工作。声像档案是体现扶贫成效的重要依据，也可以直观地记录和反映整个扶贫工作的开展情况。为扶贫办配备网络监控专业设备，可以收集到大量的影像资料，对其进行收集整理，及时进行分类归档，成为重要的扶贫档案资料。

新时期，网络技术空前发展，在社会各个领域发挥了重要作用，不仅为精准扶贫档案管理工作提出了新的挑战，也为档案的信息化建设工作提供了重要契机。加强电子档案的收集整理归档工作,使档案信息处理高效、方便、快捷,方便数据查找,提高了档案工作效率,节省了时间和劳动力。加快脱贫攻坚档案管理的信息化进程,做好档案的分类汇总工作,建立网络档案管理平台,服务政府政务公开信息公布,实现资源共享,方便群众了解查询脱贫攻坚政策,也能够有效监督扶贫工作在阳光下进行,节省人力、物力和财力,提高工作效率,加快脱贫攻坚步伐。

农业农村建档工作是档案工作的重要组成部分,也是比较薄弱的环节。县级档案管理部门编制较少,工作负担重,档案意识薄弱,硬件设施落后,档案管理水平参差不齐,档案种类、门类众多,指导工作非常繁重,仅土地确权颁证和精准扶贫两项工作,每家每户都要单独立卷归档,一户一档。文书类等各级各类档案数量很多,专兼职档案员调动频繁,大量重复性指导,给档案工作的开展带来极大的挑战。应不断探索农业农村档案规范化建设的创新途径,每一项任务在精心部署后,采用"现场指导—培树典型—以点带面—多措并举—全面铺开"的工作思路和方法,夯实基础,扎实推进各项工作有序开展。制定科学合理的工作机制,强化落实责任,转变工作思路,开展档案规范化建设工作,精准扶贫档案专题调研,落实精准扶贫档案工作的主体责任,明确精准扶贫档案工作的业务标准,制定《精准扶贫档案管理办法》,进一步细化精准扶贫文件材料归档范围、保管期限和整理要求。积极构建省、市、县、乡联动机制,建立党委政府统一领导、扶贫部门具体负责、档案管理部门监督指导的精准扶贫档案工作机制,为开展精准扶贫档案工作打下坚实的基础。

档案管理部门积极开展精准扶贫档案管理培训教育,学习档案法律法规、规范标准和要求,明确精准扶贫档案工作重点,开展档案业务指导,并对精准扶贫档案管理质量和安全保管进行督导检查。

完善相应的精准扶贫档案管理制度,规范精准扶贫档案的归档范围、保管期限等,提高档案管理人员的管理意识和责任,提高业务技能,掌握科学先进的档案管理方法,落实岗位职责,为精准扶贫档案管理工作的开展提供保障。建立健全精准扶贫档案数据库,作好精准扶贫档案的开发利用,充分利用档案资源,深度挖掘本村历史、特色档案,整合实物、声像档案,通过文字、照片、数据展示在基础设施、教育、产业及政策保障等方面开展脱贫攻坚工作的成果，展现在习近平扶贫开发战略思想的指引下，人民群众生活日新月异的变化，扎实推进精准扶贫、实现精准脱贫的生动实践。同时也展示了档案在脱贫攻坚中的重要作用，凝聚坚决打赢脱贫攻坚战的强大力量。不断创新农业农村档案规范化建设工作方法，用档案记录决胜全面建设小康社会的伟大实践，讲好脱贫攻坚战的生动故事。

巩固拓展脱贫攻坚成果离不开档案的信息支撑。档案工作应该服务大局，精准有力，主动融入和服务乡村振兴、区域协调发展等国家战略中去，结合乡村振兴规划，做好建档立卡，记录精准扶贫，规范确权档案，服务"三权"分置，弘扬档案文化，讲好乡村故事，做好档案编研工作。

乡村档案资源，是具有保存价值和地方特色的各种载体形式的原始记录，承载着原生的乡土文化，记载着乡村建设发展的历史，是农村经济发展、美丽乡村建设的具有重要参考价值的资料。美丽乡村档案不仅是党和国家各项工作的记录，也是人民群众各方面情况的真实记录，是党和政府在保障改善农民生产生活条件的工作中形成的真实记录，是维护人民群众各项权益的原始凭证，关系到人民群众的切身利益和权益。

建设美丽乡村，是促进农村经济社会科学发展、提升农民生活品质、加快城乡一体化进程、建设幸福家园的重大举措，是推进新农村建设和生态文明的主要抓手。档案具有原始性、基础性、凭证性的特征，在保障民生的过程中发挥着重要的基础性作用。建立覆盖人民群众的档案资源体系和方便人民群众的档案利用体系。全面落实"建设幸福家园，打造美丽乡村"的工作部署，档案部门要以"解难、惠民"为目标，在"服务民生"上寻找突破口，切实加强公共服务，增强服务意识，才能更好地服务发展，服务民生，促进美丽乡村建设。

加强对美丽乡村档案的收集，深入开发美丽乡村建设档案资源，建立专题数据库，开展政府公开信息查阅、档案服务进农村、跨馆查阅一站式服务等形式多样的美丽乡村档案建设工作，真正做到"民生所需，就是档案工作之所趋"。制定专业档案管理办法，特别是有关服务农民的档案管理规范及检查督导办法。构建美丽乡村档案体系，充分发挥档案的支持和保障作用。

美丽乡村是实现美丽中国的重要抓手，也是推进生态文明建设和提升社会主义新农村的新工程、新载体。建立困难群众档案，建立农村危房档案信息，建立农村外出务工人员档案等，利用信息技术和网络，整合档案资源，实现档案信息的共享，把档案服务送到百姓身边，为乡村振兴战略服务，充分发挥档案在国家政策战略上的重要作用。

夯实精准扶贫和美丽乡村建设档案管理工作对于助力精准扶贫和美丽乡村建设有着重要的现实意义，是精准扶贫和美丽乡村建设的重要记录和可靠依据。充分重视精准扶贫和美丽乡村建设档案管理工作，采取有效措施加强精准扶贫和美丽乡村建设档案工作，实现档案的开发利用，充分发挥档案价值。

第五节 民俗文化档案管理

民俗，是一种综合性的文化，是历经千百年历史积淀下来的民间文化。中华民族五千多年的历史，民族多样，文化风俗众多，形成了缤纷灿烂、风情各异的民族民间风俗。民俗在漫长的文明史中留下了深刻的烙印，成为民族文化中重要的心理沉积。民俗对于社会学、文艺学、历史学、哲学、语言学、心理学、民族学等各门科学的研究都有重要的参考作用。我国文化形式多样，内容亦十分丰富，其传承的历史悠久绵长，民俗在其中发挥了重要的作用。民俗文化源自历史，源自人民。民俗文化档案，是指依据档案学原理，通过文字、录音、录像以数字化等形式将民俗文化转化成档案予以保护保存，并以之为依托加以再现、复原和创造，将当地民俗文化信息记录在内的档案资料。完整民俗文化档案资源的建档范围包括史书、县志、游记、家书、著述等，以及近现代形成的手稿、照片、音像资料等。将民俗文化纳入档案管理的范围内，以档案管理的要求对其进行保管、保护和开发利用，对正在消逝的民族文字、风俗习惯等民俗文化进行参与式保护，记录民俗文化的起源、社会发展历程等具体信息，可以有效地保护与传承民俗文化，使民俗文化档案的管理标准化、规范化。

档案，是民俗研究的宝库。民俗文化就是一面镜子，折射的是一个民族、一个地区的风土人情和社会百态。民俗文化广泛地存在于城市与乡村。挖掘、整理和发扬好本地区有特色的民俗文化，是社会文化发展的一项战略任务。而民俗档案就是民俗的原始记录，各地区应传承和保护地方特色的民俗文化，对民俗档案进行收集、整理及数字化处理，形成一系列民俗档案资料。档案管理部门应采取多种形式把散存在社会上的民俗和民间文化珍贵档案征集入馆，形成特色档案。

深入调研民俗档案管理法律法规，从法律上明确民俗档案管理的措施。采用先进的保管技术，有效减少对档案资料的损坏，在先进技术设备的支持下，做好民俗档案的保护工作。利用现代化的科技手段，建立数字民俗文化档案馆，建立民俗文化档案资源集成管理平台，成为民俗文化展示、研究、传播的平台。

民俗文化是一个民族经历长久的历史沉淀后，由于社会变迁、文化变革、政治更替等多方面影响而逐渐形成的一种产物。民俗文化是悠久历史的一个浓厚缩影，承载的历史内涵和文化底蕴十分浓厚。民俗文化档案具有分散性，收集、整理民俗文化档案是一项长期、系统性的工程。国家成立了专门的民俗文化保护小组，由民族地区的档案管理部门、文化管理部门和文物管理部门组成。做好民俗文化的普查、登记工作，对各种不同类型的民俗文化数量、种类、价值、保管状态进行登记，可以组织专家、成立民俗文化档案鉴定小组进行鉴定，对有价值的民俗文化档案进行重点保护。

加强对民俗文化档案的收集、整理、归档、保存，扎实做好民俗档案管理的基础性工作，积极做好民俗档案的开发利用工作。借助各类节日和地方民族节日，开展民俗档案的宣传、展览活动，让人们了解丰富多彩的民俗文化，深刻认识到民俗文化中蕴含的无穷魅力和重要的历史文化价值。建立民俗档案馆和民俗文化博物馆，保存有形的民俗档案实物和无形的民俗档案文化，记录民俗档案的发展历程。依托丰富多样的民俗文物，通过现代技术和经典文化资料的有效整合及场景模拟等方式展示民俗风情，感受传统文化和民俗魅力，做好民俗档案的挖掘、保护、开发和评估等工作，激发文化传承者的文化自觉，可以更好地弘扬中华优秀传统文化。

各地档案馆高度重视民俗档案的开发利用。天津建设陈官屯运河文化博物馆，构建集档案管理、信息服务、宣传教育等功能于一体的展示平台。吉林完成全省文物资源核查和数字化建档工作，加大对重要遗址的保护力度。广东加强对丹霞山、开平碉楼、侨批档案等世界自然遗产、文化遗产和世界记忆文化遗产的保护与利用。为推进海上丝绸之路建设，西藏推出非物质文化遗产和数字资源库建设，构建非物质文化遗产保护新格局。

加强民俗特色档案建设，加强对当地民俗特色档案的保护与利用，更好地弘扬中华优秀传统文化。

第六章　重大活动、事件、工程档案管理利用实例

重大项目档案，是指国家重大建设项目及国家基础设施的新建、扩建、改建和技术改造等项目的建设。重大建设项目档案包括竣工文件的编制、档案整理及竣工档案验收过程中形成的具有利用价值和保存价值的各种文字、图表、声像等不同形式的档案资料。重大建设项目档案是项目建设全过程的真实记录，重大建设项目档案对项目建设、运行、维护和改扩建等具有查考、凭证作用，尤其是对已建项目档案中保存的决策、设计和建设信息等为今后同类项目建设提供借鉴。重大建设项目档案是档案服务经济社会发展的重要体现，档案管理人员要进一步强化思想意识、责任意识和服务意识，践行"为党管档、为国守史、为民服务"的使命担当，不断提升建设项目档案工作水平。

重大项目档案实行统一领导、分级管理的原则。重大建设项目档案贯穿立项、建设、管理等工程全过程。重大项目建设单位、设计、施工、监理等单位应当把建设项目档案工作纳入项目建设管理程序中，与项目建设实行同步管理。履行好对重大建设项目档案的监督指导职能，紧跟重大建设项目发展和需要，制定并完善重大建设项目档案工作规章制度和标准规范。积极推动重大建设项目档案组织体系、制度体系和业务规范体系建设，建立健全重大建设项目档案工作网格，构建"建管结合、无缝衔接"的重大建设项目档案工作管理体制。促进重大建设项目档案工作与其他中心工作深度融合，确保重大建设项目档案工作依法依规开展，确保重大建设项目档案完整、准确、

系统、规范、安全，推动重大建设项目档案工作整体水平提升。

做好重大建设项目档案源头管控工作，抓好重大建设项目档案从形成、流转到归档管理的各个流程。项目设计单位应按照合同要求，提供清晰、完整、形成材料符合档案保管要求的设计图纸和文件，移交的电子档案符合《电子文件归档与电子档案管理规范》要求。项目施工单位应将文件材料收集、整理工作与项目建设同步进行，按照要求向项目建设单位移交应归档的项目档案、档案目录和档案工作自查报告。项目与监理单位应将项目档案管理作为一项重要任务，按照合同约定，对项目施工单位移交的档案的完整性、准确性进行审核，对档案案卷质量、档案检索工具和档案工作自查报告进行审核，对存在的问题提出意见和建议，并监督整改。经项目建设单位确认并办理交接手续后连同审查记录一并上交项目建设单位档案管理机构；按照要求做好监理过程中形成的项目档案，按时移交至建设单位档案管理机构。重大项目建设施工、监理等单位应建立健全项目文件材料收集、整理、保管、统计、鉴定、利用、销毁、移交等制度，建立项目档案工作领导责任制和相关人员岗位责任制，落实岗位职责，完善考核措施，根据《国家重大建设项目文件归档要求与档案整理规范》和《科学技术档案案卷构成的一般要求》，完成各自职责范围或合同协议规定的竣工文件的编制和项目文件的整理、归档工作。

重大项目建设过程中，建设单位、施工、监理等单位应配备与档案数量相适应的、符合要求的档案库房，配备必要的保管保护实施设备，采取安全防护措施，确保档案安全。采用计算机管理档案，推进档案的信息化建设，力争实现档案管理现代化，为项目建设提供有效服务。归档文件应当完整、准确、系统，签字手续完备，字迹清楚，载体和材料是可以永久保存的。电子、声像等特殊载体档案应同时归档。

重大项目竣工验收前，应当组织项目档案验收。项目档案验收是项目竣工验收的重要组成部分，未经档案验收或档案验收不合格的项目，不得进行或通过项目的竣工验收。

积极推进重大建设项目档案在线管理平台建设，实现项目档案资料在线流转、归档和项目档案在线运行、监管。稳步推进重大建设项目电子档案的异地备份工作，确保重大建设项目档案数据安全。

大力发展档案的服务职能,开发利用重大项目建设档案,为建设项目的科学管理、正常运行提供全方位的支撑,为工程项目的施工建设、维修、维护、改扩建等提供重要的参考。重大工程项目建设档案真实地记录了重大项目建设的全过程,是项目运行、养护和管理的重要依据,为项目工程的检查管理、维修维护和改造提供依据和凭证。重大项目档案能够反映工程质量,为工程验收提供重要依据。开发利用重点项目建设档案,进行档案编研及科学研究,为相关工程建设及各方面利用提供优质服务。充分认识重大项目档案管理工作的重要性,扎实细致地做好重大项目档案管理工作,确保重大项目档案的完整、准确、系统和安全,为重大项目档案的开发利用提供保障。

第一节 国家重大活动专项的档案管理

重大活动,是指在中华人民共和国境内外组织举办的,对党和国家、行业、地方具有重大意义或者重要国际影响的会议、会展、赛事、纪念、庆典等大型活动。重大活动和重大工程档案,是指在举办重大活动和开展重大工程过程中直接形成的对国家和社会具有保存价值的各种文字、图表、声像等不同形式的历史记录。加强对重大活动档案的科学管理,确保档案完整、安全与有效利用,更好地服务和推进国家治理体系和治理能力现代化建设,扎实做好冬奥会、世博会等重大活动,载人航天、探月工程等重大工程,科学技术、国防军工等重点领域的档案工作,为经济社会发展提供文献参考和决策支持。

一、冬奥会、冬残奥会、世博会等重大活动档案管理

2022年北京冬奥会和冬残奥会是我国重要历史节点上的重大标志性活动。冬奥会档案全面真实地记录了冬奥会从申办、筹办到举办的全过程,是冬奥会筹办工作的重要组成部分,担当起记录奥运历史、服务奥运筹办、传承奥运精神、留存奥运文化遗产的政治责任,档案部门严格按照中央档案馆国家档案局的部署要求,全力做好冬奥档案工作。

一是政治站位高。习近平总书记对档案工作提出了"四个好""两个服务"的目标要求。北京冬奥会、冬残奥会是由习近平总书记亲自谋划、亲自决策、亲自推动的，是习近平新时代中国特色社会主义思想的生动实践。档案管理部门坚决贯彻落实习近平总书记重要讲话精神和对档案工作的重要批示，管理好、运用好北京冬奥文化遗产，以对历史和人民高度负责的精神善始善终地做好冬奥档案工作。

二是重视程度高。蔡奇书记多次听取冬奥档案工作汇报，并对做好冬奥档案工作作出指示，要求把档案工作与冬奥会、冬残奥会其他工作一同谋划、一同部署，并把档案工作有机地嵌入到各机构、各环节的工作中，这充分体现了党委、政府对冬奥档案工作的高度重视。习近平总书记在北京冬奥会、冬残奥会总结表彰大会上发表重要讲话后，为贯彻落实总书记重要讲话精神和对档案工作的重要指示批示，国家档案局高度重视，就冬奥档案工作和重大活动档案的收管用到北京市档案馆进行专题调研。

三是科学化程度高。档案部门制定科学规范的档案管理工作体系，将档案工作纳入筹办总体部署中；召开专门会议安排部署，严格落实台账管理制度，明确工作进展进度和落实要求；完善任务措施，规范整理移交，使档案工作在各门类、各层面、全流程实现制度化、规范化管理目标；制作档案管理规范化样板，优化工作流程，为规范档案收集整理提供有力保障。

冬奥会从筹办到进入攻坚决胜的赛事举办阶段，档案的收集、整理、保管、利用工作全面铺开、快速推进，达到全覆盖、全方位、高质量的要求，实现了三个赛区档案工作同一标准、同样精彩。系统学习借鉴成熟的管理经验，冬奥档案工作组深入重点筹办单位，进行实地指导、专业支持，邀请冬奥专家指导，档案管理人员进行专门培训，冬奥档案管理各个部门分工协作、密切配合，共同推进冬奥档案管理各项工作，遇到重大问题及时沟通、共同解决，重要任务协作完成。建设冬奥档案专用库房，组建监督检查组、业务指导组进行督导检查，确保档案工作有序进行。加强冬奥档案资源建设，注重档案的安全管理。北京冬奥组委一成立，档案部门就开始派驻业务骨干进行顶层设计，确定冬奥档案收集的范围、标准，及时组织业务培训。

四是档案工作的质量高。档案工作包括档案的收集、整理、保护、开发和利用，提早谋划，充分利用信息化、数字化手段，北京冬奥会、冬残奥会的文书档案将全部数字化。齐全完整收集，努力做到应收尽收，特别是把在疫情防控条件下办好冬奥会、冬残奥会的档案资料收集进来，尽可能实现数字化副本共享、档案目录共享，建立专题数据库。规范整理冬奥会、冬残奥会的档案资料，按照新修订的《档案法》的要求进行分类，科学、规范、高标准进行整理，以便于大力弘扬冬奥精神，努力实现冬奥档案遗产开发利用效益最大化。

为把冬奥盛会的特色、精彩全面留存，确保奥运档案齐全完整，在冬奥档案收集上做到全覆盖，进行统筹谋划，保证冬奥档案实现全覆盖、无盲区。全力做好涉奥档案的收集工作，严格质量把关和实地验收，确保整理规范、管理到位、安全有序，全面提升冬奥档案质量。在管理服务上，明确冬奥档案的收集范围、工作上主动跟进冬奥文化宣传活动，推动冬奥档案资源的开发利用。深入挖掘冬奥档案信息资源，打造冬奥文化遗产展示平台，记录好冬奥生动故事，多角度留存冬奥文化遗产。

提高档案信息化共享和网络化服务能力，开展影像档案留存工作，开发冬奥档案图片资料留存系统，对视频、图像进行集中存储、数字管理，并联合开展督导检查，为实现影像资料数字化奠定基础。充分利用信息化、数字化手段，对冬奥档案同步进行数字化，建设冬奥档案专题数据库，建立冬奥档案专题目录，保证冬奥档案的安全保管和高效利用。进驻场馆一线开展档案遗产工作，实现高标准移交，确保重点档案收集完整安全。

充分利用冬奥档案资源，以丰富的档案资源为核心，积极通过多种宣传渠道和媒体平台的传播，可持续地普及冬奥遗产理念，更好地引领大众认识冬奥会，促进大众参与到各类冰雪活动中。依托冬奥档案记录的完整性和指导性，举办冬奥档案主题展，典藏奥运珍品，展示冬奥档案成果，拍摄制作冬奥档案工作纪实纪录专题片，线上展播，为宣传冬奥会贡献了档案力量。开放冬奥档案信息资源，为社会各界宣传冬奥文化提供强大的信息支撑，增强冬奥档案资源的开发利用，充分发挥冬奥档案遗产作用。

冬奥档案是历史记录的全面留存，一份份档案、一件件实物、一张张图片，真实地展现了档案人"为党管档、为国守史、为民服务"的最美风采和实干担当，为成功举办冬奥盛会、留下宝贵的奥运文化遗产贡献了档案力量，也为档案管理工作积累了宝贵的经验。让档案说话，用史实印证，坚定文化自信，大力弘扬冬奥精神，在社会主义现代化建设新征程上创造新的时代辉煌。

二、载人航天、探月工程等重大专项档案管理

重大专项档案，是指在重大专项组织实施过程中产生的具有保存价值的电子文档、文字资料、声像资料、照片、图表、数据信息等。一项项重点工程建设伴随着新中国的成长，见证了新中国的发展历程。南水北调、西电东送、港珠澳大桥、三峡大坝、青藏铁路……，特别是党的十八大以来，在以习近平同志为核心的党中央的坚强领导下，"天眼"探空、"蛟龙"探海、神舟飞天、高铁奔驰、北斗组网、调南方之水、从风中取电、织高速路网、在云端架桥……一批批重大工程惊艳全球。重大专项档案作为伟大建设历程的见证和记录，是项目的保障、国家的财富、历史的传承。

探月工程是中国中长期科技发展的重大工程之一，是继发射人造地球卫星和载人航天飞行成功之后中国航天科技事业的第三个里程碑。2004年，中国正式启动月球探测工程——"嫦娥工程"。嫦娥工程分为"无人月球探测""载人登月"和"建立月球基地"三个阶段。2007年10月24日，西昌卫星发射中心用"长征三号甲"运载火箭将第一颗月球探测卫星"嫦娥一号"成功送入太空，在圆满完成各项使命后，于2009年按预定计划受控撞月。2010年10月1日，"嫦娥二号"顺利发射，圆满并超额完成各项既定任务。2013年12月2日，西昌卫星发射中心用"长征三号乙"运载火箭成功将"嫦娥三号"探测器发射升空。14日晚，"嫦娥三号"探测器在月球表面预选着陆区域成功着陆，标志着中国成为继苏联、美国后世界上第三个实现地外天体软着陆的国家。15日，"嫦娥三号"着陆器、巡视器顺利完成互拍成像，标志着中国探月工程二期取得圆满成功。探索浩瀚宇宙、和平利用太空，是中华民族的千年梦想和不渝追求。以"嫦娥三号"任务圆满成功为标志，中国探月工程将全面转入无人自动采样返回的新阶段，这是中国攀登世界科技高峰征程铸就的新辉煌，是中华民族为人类探索利用太空作出的又一卓越贡献。

国家高度重视重点建设项目档案工作，为落实《国家中长期科学和技术发展规划纲要（2006—2020年）》，保证重大专项档案资料的安全性、真实性、可靠性、完整性和可利用性，促进国家科技信息资源长期保存和有效共享。根据《档案法》《组织实施科技重大专项的若干工作规则》《国家科技重大专项管理暂行规定》和《实施科技重大专项的保密规定》，制定《国家科技重大专项档案管理规定》。明确重大专项档案管理工作实行统一领导、分级管理、分类实施的原则，维护档案完整与安全，推动档案的开发与利用。重大专项组织实施管理部门，要把档案管理工作纳入重大专项整体工作之中，切实加强领导和管理，把档案管理工作纳入重大专项组织实施的工作计划之中，在部署、检查、总结、验收各项工作时，要同时部署、检查、总结、验收档案工作。各重大专项牵头组织单位和专项任务承担单位负责各自档案管理工作的具体落实，要建立层次清晰、职责明确的档案管理工作机构和责任体系，实施项目负责人问责制，确保重大专项档案管理工作责任落实到人。

一是要作好全程管控，促进档案与重点工程的融合。各项目在建设之初应成立档案机构，配备档案人员，制定档案管理制度，明确档案收集范围和标准，并采取有效措施对文件材料的产生、流转、积累和归档的过程实施全程管理，确保档案完整、准确、系统、规范和安全。严格遵守《实施科技重大专项的保密规定》，对重大专项保密档案进行分类管理。

重大专项档案应加强档案形成、收集、整理工作，属于归档范围的文件材料，必须按照规定向档案管理部门移交，实行集中统一管理。重大专项在组织实施过程中形成的各种形式和载体的档案的整理工作，应按国家的有关规定和相关标准规范执行。重大专项组织实施中的科研工作和建档工作应实行同步管理。在下达专项任务时，要同时提出科研文件材料的归档要求；在跟踪检查时，要同步检查科研文件材料的归档情况；在评估验收时，应先进行档案的验收，没有完整、准确、系统的科研档案材料，不予验收。项目验收后，相关档案要及时移交至重大专项档案管理平台。为加强对重点建设项目档案工作的监管，确保重点建设项目档案的完整、准确、系统和安全，需进一步加强和规范重点建设项目档案的登记、验收和监督指导工作。把做好重点建设项目档案工作作为服务经济社会发展的重要内容。每年对重大建设项目进行跟踪指导，提供建档服务，进行档案专项验收，构建起档案部门、国家发展改革委等部门紧密配合、通力合作，共同对重点建设项目档案管理工作进行监管和指导的新机制，在服务经济建设中发挥了重要作用。

规范重点建设项目档案验收。项目档案验收是项目竣工验收的重要组成部分，未经档案验收和档案验收不合格的项目，不得进行或通过项目的竣工验收。造成档案损失的，要依法追究相关单位及人员的责任。

加强对重点建设项目的监督指导。重点建设项目主管部门和各级档案行政管理部门要加强对重点建设项目档案工作的检查指导，努力提高业务指导水平，及时帮助重点项目建设单位按照《国家重大建设项目文件归档要求与档案整理规范》开展档案工作，不断提高项目档案管理水平。

二是要作好转型升级，应在建立实物档案的同时，同步建立数字档案。各级重大专项组织实施单位应配备必要的先进技术设备设施，并依据统一的标准规范处理、保存档案，推动实现重大专项档案的标准化及共享利用。数字档案系统建设应采用公共标准，保证软件、硬件和系统的可交互性和互操作性。对重要、珍贵的档案采取特殊的保护措施。建设项目信息化程度越来越高，三维设计、大数据、云计算、区块链等新技术在项目建设过程中的应用越来越广泛，电子文件大量产生。要运用好新技术、新手段，实现档案工作的转型升级。

三是要作好宣传推广，树立全员档案意识。各级档案部门要创新宣传方式，丰富宣传内容，拓宽宣传渠道，紧紧围绕项目建设和经济发展，强化项目档案宣传。用好互联网和新媒体，多层次、大范围、多角度宣传项目档案的典型做法、先进经验、感人故事和重要作用。

四是要作好档案信息的开发利用，充分发挥档案价值。各级管理部门要在严格遵守《实施科技重大专项的保密规定》下，制定相应的档案借阅制度，建立档案资源共享机制，切实加强重大专项档案的开发利用。要深入挖掘项目的档案价值，把档案有效利用起来，努力在系统开发应用、档案信息深度开发、精准服务等方面下功夫，进一步提高项目档案工作围绕中心、服务大局的能力和水平。加强建设项目档案工作业务交流，讲好建设项目档案中的故事，做好载人航天、探月工程等重大工程，科学技术、国防军工等重点领域的档案工作，使档案工作水平迈上新台阶。重大专项档案反映了中国共产党领导中国人民同心同德、艰苦奋斗实现的伟大成就，生动讲述了项目建设者们积极进取、奋发有为的感人故事，体现了档案工作创新发展、积极助力国家建设和经济社会发展的重要作用。

重大专项档案管理工作是重大专项管理的重要组成部分，应贯穿于重大专项方案制定、论证、实施、考核验收的全过程。重大专项档案是国家的重要科技资源和宝贵资产，做好重大专项档案管理工作，对于有序、高效组织重大专项的实施，提高重大专项的管理水平，增强统筹和协调力度，具有重要作用。进一步做好建设项目档案工作，不断提升建设项目档案管理水平，使档案工作为国家经济社会发展，为实现全面建成小康社会、实现"两个一百年"奋斗目标作出应有的贡献。

第二节 突发公共卫生事件的档案管理

依据《档案法》《突发事件应对法》等相关法律法规制定，制定《重大活动和突发事件档案管理办法》，自2021年6月1日起施行。《重大活动和突发事件档案管理办法》确定了重大活动和突发事件档案工作应当遵循"统一领导、分级管理、分类实施、统筹协作"的工作原则，明确了档案主管部门、档案馆和责任部门的职责任务以及工作机制、工作情况通报制度，界定了重大活动和突发事件档案的范畴，规定了归档范围、整理方法、移交接收、利用开发等要求。特别是对建立重大活动和突发事件任务清单、提前介入机制及专题数据库建设等作出制度性安排，为档案管理和档案资源整合、开发利用提供了体系化的解决思路。

新冠疫情属于重大突发公共卫生事件，重大突发公共卫生事件应急处置是疾病预防控制的重要内容，为重大突发公共卫生事件应急处置工作提供专业档案服务离不开内容完整、准确、规范、丰富的档案资源，收集好、整理好在开展各类重大突发公共卫生事件过程中形成的具有保存价值的各种类别和载体的文件、数据、图片、音频等资料，是做好重大突发公共卫生事件处置工作的基础和保障。疫情防控档案真实记录了疫情防控全过程，在应对新冠疫情的过程中发挥了重要作用。

一、深刻认识做好重大突发公共卫生事件档案管理工作的重要意义

深入贯彻落实习近平总书记关于档案工作的重要批示，深刻认识做好重大突发公共卫生事件档案资源管理工作，明确重大突发公共卫生事件档案的收集范围，制定收集制度，明确收集责任，确立收集方法，统一思想认识，做好重大突发公共卫生事件的档案管理工作。

根据《突发事件应对法》，突发事件是指突然发生的，造成或者可能造成严重社会危害，需要采取应急处置措施予以应对的自然灾害、事故灾害、公共卫生事件和社会安全事件。根据《突发公共卫生事件应急条例》，突发卫生事件是指突然发生，造成或者可能造成社会公众健康严重损害的重大传染疫情、群体性不明原因疾病、重大食物和职业中毒以及其他严重影响公众健康的事件。近年来，"非典"、人禽流感、甲型H1N1流感、新冠疫情等均属于重大突发卫生事件。

新冠疫情等重大突发公共卫生事件档案资料中蕴含着大量经验、规律、依据、事实和教训，是疾病预防控制机构进行疾病现状分析和发展规律研究的重要基础性研究材料，对于流行病学分析、疫情预测预报、预防疾病传播以及工作考察、借鉴等具有重要的意义。新冠疫情等重大突发公共卫生事件档案记录、保存了全国人民在党的领导下战胜疫情的全过程，记录了疾病预防控制机构在各类重大突发公共卫生事件处置中的使命和担当，为制定突发事件应急防控方案提供了决策参考，为宣传新冠疫情的预防和控制提供丰富的素材，为取得新冠疫情等重大突发公共卫生事件的全面胜利奠定了坚实的基础。

二、积极主动，全力做好重大突发公共卫生事件档案的收集工作

突发卫生事件档案，是指在处理重大传染疫情、群体性不明原因疾病、

重大食物和职业中毒以及其他严重影响公众健康的事件过程中形成的具有保存价值的文件材料。重大突发公共卫生事件档案收集工作是充分发挥档案凭证依据作用和信息支撑作用最基础最关键的环节。没有认真细致的重大突发公共卫生事件档案的收集工作，就没有将来的档案提供与利用服务工作。高度重视重大突发公共卫生事件档案的收集、整理、移交等工作，牢固树立采集工作是重大突发公共卫生事件档案开发利用的前提，将对重大突发公共卫生事件档案的收集作为重大突发公共卫生事件处置中的重点工作，主动对接指导卫生健康、交通运输、应急管理、市场监管、社保医保等相关单位，做好防疫防控文件材料的收集归档工作。

重大突发公共卫生事件具有突发性强、危害严重、涉及领域广泛等特征，一旦发生重大突发公共卫生事件，势必会损害公众健康，影响正常的生产生活秩序。如果发生的重大突发公共卫生事件达到一定的危害程度，极易引起公众恐慌。在重大突发公共卫生事件发生时期，重大突发公共卫生事件处置工作应成为此阶段党和国家中心工作的重中之重。《重大活动和突发事件档案管理办法》中规定，重大活动和突发事件的办理或应对部门，或者专门成立的临时机构，负责相应档案的收集、整理和保管。重大突发公共卫生事件档案的收集工作，作为重大突发公共卫生事件处置工作中一项重要组成部分，要全力抓好中央决策部署和各项要求的贯彻落实，以高度的政治责任和使命感，认真履行特殊时期的职责使命，保证重大突发公共卫生事件档案资料能够及时、完整、安全、高效地完成收集和管理。

在档案管理工作中，档案收集是档案管理各项工作的基础。重大突发公共卫生事件中，档案资料的收集工作是档案管理工作的起点，是获取和保存重大突发公共卫生事件相关信息的基础手段和有效途径，直接影响着档案管理的其他活动和环节，具有前瞻性的特点。应采取有效措施，全面做好新冠疫情等重大突发公共卫生事件档案的收集工作，收集多种形式、多种载体的档案资料。在积极开展应急处置工作的同时，及时对档案的收集工作进行安排部署，安排档案管理专业人员提前介入，直接参与相关文件资料的收集、整理、归档等工作，及时收集重大突发公共卫生事件档案资料，确保所收集的档案资料能够反映重大突发公共卫生事件档案的全貌，保证档案资料的完整性、及时性。档案应贯穿于整个重大突发公共卫生事件处置的全过程。重大突发公共卫生事件档案具有分散性的特点，要保证档案收集的完整性、全面性，如果有些档案资料没有及时收集整理，就有可能造成重大突发公共卫生事件档案资源的流失，影响收集效果。

重大突发公共卫生事件档案资源收集的范围是：凡是能够反映重大疫情防控和突发公共卫生事件处置活动的，具有保存价值的材料均应纳入收集范围。建立重大突发公共卫生事件档案管理制度，明确不同载体、不同类别档案的收集范围和收集方式方法，制定责任制度、保密制度等，确保收集的重大突发公共卫生事件档案内容完整、分类科学、合理规范。

以应归尽归、应收尽收为原则，随时收集，随时分类，随时整理，形成重大突发公共卫生事件专题档案，建立重大突发公共卫生事件专题档案目录，便于查找利用。优先接收推进疫情防控档案的接收工作，按照《纸质档案数字化规范》要求规范接收程序，专人负责疫情防控档案接收进馆工作。在接受实体档案的同时，做好数字化复制接收工作。建立专题数据库，研究制定数据库建设方案，检验档案数字化复制件的准确性、完整性、可用性和安全性，高效开展疫情防控档案的接收工作，目录数据和原文挂接，确保数字档案的安全管理和有效利用。在信息化时代，多渠道依托线上实现档案信息采集，面向社会各界广泛征集抗疫档案资料，直接对接一线抗疫人员采集口述档案资料，留存了珍贵的抗疫一线图文资料。重大突发公共卫生事件档案具有多样性的特点，有实物档案、声像档案、文书档案等多种形式，数量大、载体丰富，这些档案都应该得到留存和有效管理。还应重视和加强对重大突发公共卫生事件处置工作中数字资源的收集和整理。

在新冠疫情防控过程中，上海市档案馆以"2+2+2"方式构建新冠疫情档案资源收集体系，保证疫情防控档案收集工作迅速规范开展，征集了一大批反映基层社区开展疫情防控，社会各界支援抗击疫情的实物、音频、报道等各类档案资料。广东省档案馆把住前端控制环节，组织专业人员深入防控一线，积极开展档案的收集和整理指引。河北省档案馆开展面向社会各界广泛征集抗疫档案资料。以上新冠疫情防控档案的收集案例，更加注重多种记录载体的采集和突出提前介入的重要性，为在重大突发公共卫生事件中及时、规范、完整的档案收集工作提供一定的参考和借鉴，也为在突发公共卫生事件中更全面、更广泛地收集信息和数据资料，为疫情防控和历史研究打下了坚实的基础。

三、重大突发公共卫生事件档案的开发利用

疫情防控档案是党领导人民群众抗击疫情的真实性记录，真实、全面、生动地记录了全国人民抗击疫情的历史过程。讲好中国抗疫故事，弘扬伟大抗疫精神。各级档案馆要以讲政治的高度，坚决做好疫情防控档案的收集工作，面向社会广泛征集疫情防控资料，不断丰富档案馆藏，留存历史记忆，为弘扬抗疫精神贡献档案力量。

深刻认识重大突发公共卫生事件档案资源管理工作的重要性，立足于重大突发公共卫生事件档案的服务利用需要，满足人民群众对档案文化利用多样化的需求，有效挖掘重大突发公共卫生事件档案资源所储备的丰富素材，通过报纸、网络媒体面向社会发布抗疫档案，利用大量珍贵的档案影像资料，制作抗击疫情教育公开课、编印抗疫专刊、举办抗疫档案专题展。通过丰富的图片、翔实的文字介绍，生动直观地展示疫情防控取得的伟大成就，分享在抗疫过程中积累的宝贵经验。利用档案主动服务重点工作、重要会议和重大活动，开展现场采集声像档案资料工作，用档案讲好在党和政府的领导下全国人民抗击疫情的故事，积极作为，为抗击新冠疫情发挥档案的作用和价值。

第三节 水利工程建设项目的档案管理

水利工程建设项目档案，是指水利工程建设项目在前期、实施、竣工、验收等各个阶段过程中形成的，具有保存价值并经过整理归档的文字、图表、音像、实物等形式的水利工程建设项目文件，是具有保存价值的各种载体形式的历史记录。项目档案工作是水利工程建设项目管理工作的重要组成部分，是水利工程项目建设、管理、监督、运行和维护等活动的原始记录和重要依

据。水利工程档案为后续工程改造和勘测提供依据和凭证。水利工程档案是水利工程建设的真实记录，具有凭证和依据作用，在水利工程的建设、管理、维护、改造工作中具有不可替代的作用。明确档案工作的分管领导，设立档案管理相关机构，明确档案管理岗位职责，设定权责清晰的项目档案管理工作网格。建立项目档案管理考核机制，在档案检查中出现的问题要及时落实整改，发现的安全隐患应及时采取措施予以消除。

项目法人和参建单位应配备满足工作需要的档案管理人员，在水利工程的施工建设中不得随意更换，确需变动的，必须对负责的项目文件办理交接手续。档案管理人员应具备档案专业知识和技能，并掌握一定的工程管理和水利工程技术专业知识，熟悉国家有关档案管理的法律法规，熟练掌握计算机操作，通过项目档案管理业务培训并考核合格。水利工程档案管理人员应了解和掌握水利工程施工建设全过程，切实做好水利工程档案的收集、整理和归档工作。

水利项目建设档案是水利工程项目建设的重要组成部分，是衡量水利工程质量的重要依据。水利项目建设档案管理工作应融入水利工程项目建设管理全过程，与工程建设管理同步实施，所需费用应列入工程投资。项目法人和参建单位应保障档案工作经费。凡参建单位未按规定要求提交工程档案的，不得通过验收或进行质量等级评定。水利工程档案达不到规定要求的，水利工程项目法人不得返还其工程质量保障金。

水利工程档案是记录水利工程建设全过程重要的信息资料，能够准确反映出整个水利工程的建设情况，为日后的水利工程维修维护提供科学依据。水利工程档案是优质的基建档案资料，水利工程建设项目档案管理工作，包括在水利工程开工前资料的收集指导、工程建设施工进行中和竣工后的监管，确保档案验收的顺利完成。水利工程档案的管理工作贯穿整个水利工程建设的全过程，为我国水利事业的发展提供强有力的支撑。充分认识水利工程档案的重要性，积极主动地做好水利工程档案的开发利用工作，充分发挥水利工程档案的效能。

随着社会的发展，高科技产业化进程的加快，现代科学技术在各个行业渗透以及全球范围内迅速扩散，信息网络化、资源共享化、科技创新化成为发展的趋势，档案利用方式与管理模式也势必随之发生深刻的改变。水利工程档案是记录水利工程建设活动的原始资料，是国家基础设施建设和社会信息资源的重要组成部分，是水利行业开展的基石。重视水利工程档案的开发利用，实现水利档案的价值利用，直接影响水利事业的发展，更好地服务于经济建设和社会发展。

一、水利工程档案管理过程中需要注意的问题

1. 扩大水利工程档案的收集利用范围

水利工程档案的收集范围为：凡是反映水利工程建设项目有关的重要职能活动、具有查考利用价值的各种载体的文件，都应收集齐全，归入水利工程档案。水利工程档案工作贯穿于水利工程建设程序的各个阶段。水利工程建设前期，开展文件资料的收集整理工作，对水利工程档案的收集、整理、移交提出明确要求。水利工程施工建设期间，在检查水利工程进度与施工质量的同时，检查水利工程档案的收集、整理情况。在进行水利工程项目成果评审时，同时审查、验收水利工程档案内容和质量。水利工程文件材料的收集、整理应符合《科学技术档案案卷构成的一般要求》，归档文件材料的内容与形式均应满足档案整理规范要求。水利工程档案应内容完整、准确、系统，字迹清楚、图样清晰、图表整洁，竣工图及声像材料标注的内容清楚，签字手续完备，归档图纸应按《技术制图复制图的折叠方法》要求统一折叠。

项目法人对水利工程档案工作负总责，应做好水利工程档案的各项基础性工作，并加强对各参建单位档案归档工作的监督、检查和指导。水利工程档案的归档工作，由产生文件材料的单位或部门负责。各参建单位应积极配合项目法人及档案业务管理部门，共同做好水利工程的档案工作。建设单位负责收集、整理水利工程建设项目准备阶段形成的前期文件以及设备、工艺、涉外和竣工验收档案文件资料；勘察单位负责收集设计基础资料；设计单位负责收集设计文件材料；监理单位负责收集监理文件材料；运行单位负责收集、积累项目调试及试运行阶段形成的材料；项目器材供应、财务部门负责收集承建项目器材供应及财务管理形成的文件资料。各类文件按照形成的先

后顺序或水利工程建设项目完成情况及时收集整理。项目法人档案管理机构应对项目档案的接收、保管和利用情况进行统计并建立台账。水利工程项目法人档案管理机构应依据《水利工程建设项目文件材料归档范围和保管期限表》，对相关单位应保存档案作出具体规定，对项目档案进行价值鉴定，确定其保管期限。建设单位负责进行或组织对全部归档项目档案的汇总整理。

水利工程项目档案应按照《水利工程建设项目档案管理规定》等规章制度，对水利工程档案进行统一的档案分类编号管理。项目法人应建立档案利用制度，对档案的利用范围、审批程序等作出规定，对于涉密档案的借阅利用应严格按照保密管理规定执行。

建立水利工程档案资源开发利用平台，将收集完整的水利工程档案资源进行数字化转化。建立水利工程档案信息数据库，保障水利工程档案开发利用的效率，实现水利工程档案管理现代化。

进一步完善水利工程档案服务体系，拓展水利工程档案服务范围，开拓水利工程档案服务渠道和领域。建立激励机制，推动水利工程档案面向全系统、全社会开放服务。加强和各单位、各部门的交流合作，全面推进档案治理和档案资源利用、安全体系建设，深化档案信息化战略转型。

2. 提升水利工程档案管理人员的综合素质，创新水利工程档案的服务机制

水利工程档案的收集整理具有专业性的特点，水利工程档案管理人员除了需要具备基础的档案知识外，还需要具有一定的水利工程方面的基本知识，同时还需要熟练掌握计算机和相关系统的操作方法。档案管理人员需不断提高综合素质，加强政治理论学习，提高思想政治水平，认真落实岗位职责，加强水利专业业务知识学习。注重加强对水利工程档案工作人才的培养和储备，促进水利工程档案管理人员掌握新知识、运用新知识，全面提高综合素质。

不断创新服务机制、提升服务质量，积极主动地开展水利工程档案的开发利用工作，创新水利工程档案服务手段和服务内容，拓展水利工程档案服务范围，提升水利工程档案开发利用水平。借鉴档案管理中先进的管理经验和方法，对水利工程档案管理中存在的问题进行研究。

3. 优化整合水利工程档案资源，提高水利工程档案的完整性

水利工程档案的完整性是提高水利工程档案开发利用质量的必要条件。要提高水利工程档案的开发利用质量，就要做好资源的优化整合，提高水利工程档案的完整性。水利工程档案内容复杂，时间较长，很多因素容易使档案的完整性受到限制。水利工程档案包括规划、设计、招标、施工、竣工、验收和进度、质量、管理等档案资料，而这些档案资料的收集整理，又往往涉及多个单位，这就给水利工程档案的收集管理工作增加了难度，应提高水利工程档案的完整性，确保水利工程档案的归档率、齐全率、完整率都达到要求。

水利工程建设项目涉及多个单位、部门的合作协调，水利工程档案内容复杂，水利工程建设单位要加强与政府相关管理部门、勘察单位、设计单位、施工单位、监理单位等的交流合作，组织对全部水利工程档案进行收集归档，使处于分散状态的档案资源顺利整合。凡是与水利工程建设项目有关的重要职能活动、具有考察利用价值的各种载体的档案资料，都应收集齐全。做好水利工程档案的接收、征集、整理、归档工作，实现档案的集中统一管理、规范建档，提高归档文件质量。将水利工程档案按照要求有序完成整理归档工作，并对水利工程档案进行细致的清点、编目、分类，如管理性文件按照问题、时间或重要程度排序，施工文件按管理、依据、建筑、安装、检测实验记录、评定、验收排列顺序，设备文件按依据性、开箱验收、随机图样、安装调试和运行维修等顺序排列。将档案材料按规范要求排列整齐编制好档案卷内目录，保证卷内文件完整、安全，便于管理和利用。对归档后的水利工程档案进行分析整理，为水利工程档案的开发利用提供基础和保障。

4. 加强水利工程档案的信息化建设，为水利工程档案的利用提供有利条件

在当今信息高速发展的时代，网络技术为档案领域提供了充分展示自身价值的平台，推进水利工程档案信息化建设，是水利工程档案开发利用工作的延伸，是开发利用水利工程档案的有效途径。广泛应用信息技术，加强水利工程档案资源的开发利用，加强信息网络安全保障体系建设，为水利工程档案提供良好的网络环境。

项目法人档案管理机构应按照国家信息化建设的有关要求，根据国家规定及标准，充分利用新技术，开展水利工程档案数字化工作。完善水利工程档案管理制度，配备必要的软硬件设施，根据《电子文件归档和电子档案管理规范》等要求和水利工程建设项目实际情况，确定水利工程项目电子档案的归档范围。在接收电子文件时，应对电子文件的真实性、可靠性、完整性进行检验，在办理完毕后，应按照归档要求及时收集，按照档案分类要求做好分类整理，确保电子文件内容完整、格式正确，做好电子档案的接收、保管、利用等工作。建立水利工程档案数据库，大力开发档案信息资源，提高档案管理水平，为水利工程建设与管理服务。

项目法人对项目档案工作负总责，负责组织协调、监督指导工程建设管理相关部门及参建单位项目文件的形成、收集、整理和归档工作，负责档案的阶段性检查和验收。在招标文件中明确项目档案管理要求，明确项目文件管理责任，包括归档范围、归档时间、归档套数、整理标准及违约责任等，涉及国家秘密的水利工程建设项目档案管理工作，必须严格按照国家和水利工作中有关保密法律法规的要求开展。

认真做好纸质载体档案数字化工作，做好档案扫描、图像处理和存储、目录建库、数据挂接等工作。委托第三方进行数字化加工时，委托单位和数字化加工单位应签订保密协议，确保信息安全。

5. 水利工程项目档案的验收与移交

水利工程建设项目竣工验收中的一项重要内容就包括项目档案验收。大中型水利工程建设项目在竣工验收前都要进行档案专项验收，其他水利工程建设项目档案验收应与竣工验收同步进行。未通过档案验收或档案验收不合格的，不得进行或通过竣工验收，这也再次证明了水利工程建设项目档案的重要价值。

水利工程项目档案专项验收按照《水利工程建设项目验收管理规定》执行。项目法人在档案专项验收前，应组织参建单位对项目文件的收集、整理、归档与档案的保管、利用等情况进行自查，形成自查报告，并对自查中出现的问题进行整改。监理单位在项目档案专项验收前，应对所监理项目档案进行审核，形成专项审核报告。

6.水利工程项目档案的监督管理

水利工程建设项目档案管理工作是水利工程建设项目的重要组成部分。水利工程与民生、安全有重大关系，水利工程建设中形成的档案对于工程安全运行、水利工程的管理有重要意义，因此应按照国家有关要求对水利工程建设项目的档案进行监督、检查，确保水利工程建设项目档案的完整、准确、系统。

建立健全水利工程项目档案工作监管机制与项目法人档案管理部门，加强对档案的监督、检查和指导。进行档案专项检查，要求水利工程项目档案与项目建设同步开展。水利工程建设项目开工前，项目建设单位应根据国家有关水利工程建设项目档案管理的相关规定和标准，制定适合本项目实际的档案管理制度，并对所有参建单位的技术人员和档案管理人员进行档案工作业务培训，规范水利工程建设项目收集、整理、归档等各项工作。水利工程建设项目建设过程中，项目建设单位要定期组织开展项目档案质量及安全保管情况检查。在项目关键节点进行档案专项检查，制定档案检查、评比制度，加强水利工程项目实施情况分析，进一步完善项目执行情况。

档案行政管理部门组织开展水利工程建设项目档案行政执法检查，根据检查情况，出具《重大建设项目档案检查整改通知书》，对于检查出的问题，要求限期改正。在竣工验收阶段，档案行政主管部门会同有关主管部门组织进行项目方案专项验收。如果通过验收，档案行政主管部门正式发放《重大建设项目档案专项验收意见》。如果达不到验收标准，档案行政主管部门核发整改通知，并对未通过档案专项验收、限制其整改的项目档案进行复查；复查后仍不合格的，不得进行竣工验收，并对项目法人单位进行通报批评。

二、水利工程建设中档案发挥重要价值的具体案例体现

（一）河北省秦皇岛市洋河水库省级重点项目除险加固工程

洋河水库位于河北省秦皇岛市抚宁区大湾子村北，坝址位于洋河干流上，控制流域面积755平方千米，总库容3.86亿立方米，为大（Ⅱ）型水利枢纽

工程。水库于1959年10月动工兴建，1961年8月基本建成并投入使用，控制流域面积755平方千米，总库容为3.86亿立方米。60余年来，洋河水库在防洪、灌溉、发电等方面效益显著，是保障全市人民生产生活的重要大动脉。2021年，通过三年的设计、审批、施工，完成了除险加固工程，使老旧水库重新焕发生机，为国家节省了大量新建资金。其中，完整全面的水库档案为除险加固工程提供了坚实的技术保障，在技术设计工程施工中起到了关键性的作用。

1. 项目的紧迫性和重要性

洋河水库投入运行60余年来，由于工程建设周期较长，设计、施工处于特定的历史时期，设计和施工的技术、装备水平受当时条件的限制；致使工程竣工后留有一些先天不足，给工程安全运行造成了许多不利影响。

针对工程存在的主要问题，1998年实施的水库除险加固工程，主要建设内容包括拦河坝从下游贴坡加高、正常溢洪道上游边墙加高及启闭机室改建、泄洪洞洞身固结和回填灌浆、非常溢洪道采取应急自溃坝（超1000年一遇洪水启用，2000年一遇洪水保坝）或临时措施等；但限于工程投资，未对20世纪60—70年代建成运用的水库泄、输水建筑物金属结构和电气设备进行更新改造，而上述设备均已运行了40多年，超期服役，属于淘汰产品，存在严重的安全隐患，危及水库泄洪安全，需进行更新改造处理。洋河水库水文站现有设备陈旧，本次除险加固需要对水情自动测报系统进行完善，为科学合理地配置水资源创造条件，从而更加经济合理地利用当地的水资源，提高水资源利用率。

2. 项目的社会效益和经济效益显著

洋河水库下游有京山、京秦铁路、102国道、205国道和京哈高速公路，主要城镇有抚宁城区、留守营镇及北戴河新区，总人口约40万，耕地面积约50万亩。据初步估计，在现有条件下，启用一次自溃坝式非常溢洪道所造成的直接经济损失超过200亿元，其间接经济损失难以估量。将自溃坝式非常溢洪道改建为副坝后，调度运用可控，遭遇水库校核标准2000年一遇洪水时，水库最大下泄流量（4590米^3/秒）较现状（6700米^3/秒）减小了约30%，大大降低了水库泄洪带来的经济损失。因此，需要将自溃坝泄洪改为溢洪道泄流，自溃坝段改为副坝，溢洪道扩建增加泄流。

洋河水库除险加固工程竣工后，工程任务仍以防洪为主，兼顾城市供水、灌溉、发电等综合利用。洋河水库现状防洪标准为100年一遇洪水设计，2000年一遇洪水校核，将继续在城市供水、农业灌溉用水及下游生态用水方面发挥重要作用。从国民经济评价指标可以看出，经济内部收益率大于社会折现率，表明项目在经济上是合理可行的。

3. 档案开发利用在项目中发挥的重要作用

一是支撑洋河水库除险加固工程前期设计工作。项目是否可以实施，重点在于水库的各项技术指标核定。档案室为工程组提供了水库自建设以来详细的施工图纸、运行报告、维修档案、行洪记录等。其间，工程组多次反复大量查阅历年洋河水库档案资料，并进行地质勘探、地质测绘、测量和室内外试验，于2018年8月编制完成《洋河水库除险加固工程初步设计报告》及洋河水库除险加固工程初步设计工作。2018年9月20—21日，河北省水利厅组织召开了《洋河水库除险加固工程初步设计报告》审查会，并形成了审查意见。2019年7月3日，河北省水利厅以冀水规计〔2019〕77号对秦皇岛市洋河水库除险加固工程初步设计报告进行了批复，根据"批复意见"修改完成了设计报告核定稿。

洋河水库除险加固项重点工程拦河坝安全监测设施改造，整治坝下防汛路，改扩建正常溢洪道，改建非常溢洪道，改建泄洪洞，改建发电引水隧洞、西干渠放水洞进口闸室、竖井及排架等，更新改造正常溢洪道、泄洪洞、发电引水隧洞及西干渠放水洞金属结构设备和相关电气设备，更新改造水情自动测报系统。在补充完善相关管理设施等设计施工中，库区档案室提供的历史档案发挥了关键性的作用，特别是针对溢洪道改建问题，通过查阅大量档案数据资料，从投资、调度管理、征地移民、生态保护、运行条件、下游防洪安全等方面进行了方案比较，推荐采用非常溢洪道改建为副坝、正常溢洪道扩宽方案，降低了水库泄洪对下游的影响，彻底解决了自溃坝式非常溢洪道不可控的问题，且无须征地，节约了成本。其间，保存完整、详细的档案资料充分发挥了其价值。

二是服务洋河水库除险加固工程中期施工建设。施工工程中，按照《档案法》和《水利工程建设项目档案管理规定》等要求，档案管理人员提高认识，树立新的管理理念，创新工程档案管理模式，制定档案管理制度和科学的岗位目标责任制，明确档案管理责任，把档案管理工作作为工程建设的基础性工作，把档案管理的各项工作细化和量化，使每个部门和每一名档案管理人员都目标明确、责任清楚。档案管理和工程建设与管理工作同步进行，不断推进档案的信息化进程。做好电子档案的收集整理工作，建立健全信息数据库，做好工程档案的保密工作，大力发展快捷、准确的新型电子档案。档案工作紧密围绕工程建设与实施进行收集、分类、整理，为建设管理实施全方位服务。定期对工程项目部的档案进行检查，使档案的归档、整理更加标准化和规范化，使档案的完整率、归档率和齐全率均达到相应要求。

工程施工期间，水利工程档案的科学管理始终贯穿整个施工过程。由于档案管理规范、到位，档案室提供的资料科学、详细、全面，保障了工程的顺利完成。

三是保障洋河水库除险加固工程建成后的维修维护工作。秦皇岛市引青管理局档案室形成各类档案共计 2175 卷，这些档案在我市各项重大水利工程中发挥了不可替代的作用。

档案资料能够为洋河水库除险加固工程的维修维护提供真实、准确、全面的信息数据，为同类工程的施工建设起到有效的借鉴和指导，充分体现档案的作用和价值，为水利工程建设服务，为经济建设服务。充分利用档案管理，为洋河水库除险加固工程提供了重要的信息支持，为推动水利事业的发展作出了贡献。

（二）开发利用档案服务洋河水库富营养化治理工作

自 20 世纪 90 年代初以来，秦皇岛市洋河水库水体的富营养化问题越来越突出，藻类频繁暴发，严重影响了秦皇岛市的城市供水质量。洋河水库的富营养化问题引起了市政府和各级部门的重视，为尽快从根本上解决水质问题，保障秦皇岛市城市供水安全，提出了引青济秦东西线对接工程建设项目。秦皇岛市引青济秦东西线对接工程概算总投资 14114.8 万元，工程线路总长 16.18 千米，历时 18 个月，于 2006 年 8 月 3 日顺利开工建设。引青济秦东西线对接工程将桃林口的水直接引到市区，避开了被富营养化困扰的洋河水库，实现全线封闭输水，控制水体污染。引青济秦东西线对接工程从立项、审批、设计到开工建设，形成了大量档案资料，做好这些档案资料的收集与管理工作，对于促进工程建设、保障工程顺利进行以及工程的日后维护管理，具有十分重要的意义。

1. 充分认识工程建设中档案管理的重要性

秦皇岛市引青济秦东西线对接工程是公益性公共基础设施建设项目，对秦皇岛市供水起着非常重要的作用，因此工程建设中的档案管理工作也具有重要意义。水利工程建设中的档案管理工作是一项服务性、专业性很强的工作。水利工程档案资料不同于一般的历史资料，它对工程的运行、安全、管理和维护等有直接的影响，需要给予高度重视，特别是在工程进行过程中往往面临时间紧、任务重的情况，这又使档案管理工作具有独特性和复杂性。在这种情况下，收集和管理好工程建设过程中的档案至关重要，这就要求档案管理人员把工作做足、做细，从思想上加强认识，充分认识到水利工程建设中档案管理工作的重要性。

在引青济秦东西线对接工程筹备阶段，各级领导就明确表示，一定要做好整个工程建设中的档案资料管理工作，确保档案资料的完整性。在组建工程建设各部门时，专门成立工程档案管理小组，具体负责工程建设过程中档案资料的管理工作，明确分工与责任，建立了档案管理工作制度，使档案管理工作有序进行。

档案管理人员要不断加强业务学习，努力提高业务素质和工作能力，增强责任心，认真负责，勤奋敬业；不仅要保管好档案，还要充分发挥档案的服务性功能，充分体现档案的自身价值；做好工程建设中的档案管理工作，努力提高档案管理水平，保障水利工程建设的安全运行。

2. 确保档案资料的完整性和及时性

在引青济秦东西线对接工程建设过程中，形成了大量的档案资料，如征占地材料、工程报告、批复、合同、图纸标书、协调文件及领导视察活动等资料，要做到条理清晰，按照工程进展进度对其进行分类整理，分阶段进行整理归档。如可分为立项阶段、设计阶段、施工阶段等，使各类档案资料条目清楚、存放有序、管理规范。对一时难以判定的资料，先整理归档，经主管领导审查后再进行取舍。还可以广泛利用录音录像、实物等，尽量全面系统地记录工程建设全貌。

注意工程档案资料收集的及时性。档案管理工作是不断积累形成的，随着工程施工建设的推进，许多档案资料如不及时记录、收集、归档，会造成不可弥补的损失，而且水利工程建设过程中形成的文件材料涉及面广、内容繁杂，稍有疏忽就可能遗漏，待工程竣工，工程建设临时机构解散后，会加大收集档案资料的难度。为了保证档案资料收集齐全、完整，档案管理人员要树立主动意识，认真了解水利工程建设工作的具体操作程序和分阶段的工作安排，对档案资料的内容、数量做到心中有数；认真做好每个阶段的档案归档工作，在工程建设过程中不断收集完善档案资料，包括直接资料和相关资料，如文字资料、图片、录音录像等，待工程验收完毕后，统一交档案室，完成好档案交接工作。

3. 确保档案资料的规范化和现代化

对档案进行规范化管理，及时把整理好的档案资料装订成正规卷。加强对档案的跟踪检查，检查档案的内容、质量、收集、整理情况，使之与工程进度同步。把住工程档案的质量关，对于不符合要求的档案及时提出整改措施，及时改正。在借阅档案时，要建立档案借阅管理制度，认真做好档案的登记工作。加强档案室建设，注意档案的防火、防盗。认真做好工程档案的保密工作，使工程档案管理达到高标准的水平。

推进档案管理的现代化进程，提高工程档案现代化管理水平。要充分利用计算机及档案管理软件对水利工程档案进行管理。在整理工程档案的同时，将档案资料目录及时输入电脑，制作与之相对应的工程档案电子数据，随时为业务部门提供更全面的信息资源，提高存档质量和工作效率。加强对电子文件和声像图片资料的收集、整理、归档，广泛利用录像机、照相机等现代化的管理设备，促使档案管理更上新台阶。

水利工程档案是水利工程建设活动的凭证，是全面反映工程建设全过程的真实记录和历史见证，具有十分重要的作用。档案管理人员要充分认识其重要性，努力提高档案的管理水平，保证工程档案资料的连续性和完整性，充分发挥档案的服务性作用,让工程档案更好地为工程建设服务。

(三)引青济秦扩建三期工程建设中的档案管理工作

引青济秦工程是秦皇岛市一个以城市供水为主、兼顾农业用水的大型跨流域调水工程,自1990年通水以来,供水范围不断扩大,供水区域82.62平方千米,供水人口78.88万,担负着秦皇岛60%以上的城市供水任务,特别是负担着暑期北戴河的供水任务。截至2016年,累计向城市供水14亿立方米,为秦皇岛市经济发展和社会稳定作出了突出贡献,已成为秦皇岛市社会经济发展的生命线。

随着秦皇岛市经济社会的发展,城市建设不断加快,用水需求也在逐渐增加,且新规划城区自来水厂的给水水源均为引青济秦工程。现有引青济秦工程供水设施多年满负荷运转,依旧不能满足城市用水需求。只有扩大引青济秦输水规模,与城市自来水厂同步配套建设,才能满足城市建设和经济发展的需求。为满足秦皇岛市城市需水量,缓解城市水资源供需矛盾,确保北戴河供水安全,同时也为"京津冀一体化发展"做好配套工程,实施了引青济秦扩建三期工程建设(4#隧洞出口—北戴河新区水厂支线分水口段)。

引青济秦扩建三期工程实施后,引青济秦工程最大输水规模为52.11万米^3/天,输水流量为6.03米^3/秒,本段将达到引青济秦输水8米^3/秒的最终规模的要求。

工程档案是最重要的财富和最可靠的资源,工程档案管理也是工程建设的重要组成部分,对于工程项目建设的建设、施工等各个环节具有重要的意义。引青济秦扩建三期工程档案包括从工程项目提出、立项、审批、勘察设计、生产准备、施工、监理、验收等工程建设及工程管理过程中形成的文字、表格、声像、图纸等各种载体材料,形成档案资料700余卷。加强对工程建设中档案的管理,有利于集中统一、规范、完整、齐全地收集保管档案资料,对于系统化的研究工程项目建设起到了推动作用。

1. 档案服务于引青济秦扩建三期工程前期准备工作

档案为引青济秦扩建三期工程项目立项提供基础资料。一般来说,许多档案归档以后,基本上就完成了现行功能,多是用来进行历史查考,而工程档案则不同,它不仅没有失去现行的使用功能,而且还将在较长的时期内发挥现行作用。工程档案是工程项目设计单位进行工程项目设计的重要依据。从制订计划、拟定设计大纲到编写调查方案、分析有关数据、撰写报告书，都需要调阅有关工程图纸、资料和数据，这些可以帮助设计人员很好地了解工程项目现状，便于在原有的基础上开展新的工作，可以启发思路，少走弯路，减少不必要的重复劳动，提高设计工作效率和水平。

该工程项目，具有投资大、工期紧、技术水平要求高的特点。为缩短设计周期、保证工程建设进度，在设计过程中，设计人员充分利用了原有工程设计档案资料，在保证工程质量和最大限度节省资金的前提下，工程设计人员主要做了线路走向、管材管径选择、方案比选等工作，通过对引青济秦输水管线线路设计图纸的研究，设计出本次引青济秦扩建三期工程（4#隧洞出口—北戴河新区水厂支线分水口段）主要建设内容，即管道扩建工程和将燕窝庄小水库改造为引青调节池两部分。

工程设计人员通过查询大量档案资料，对设计方案进行多次修改，制定了科学的设计方案，及时满足了施工要求，确保了工程进度。

2. 档案服务于引青济秦扩建三期工程施工建设

档案收集与工程施工同步安排，贯穿于工程建设过程的各个环节，是在工程建设中各阶段形成的图表、文字、声像等形式的记录，在工程施工中发挥重要的作用。要充分发挥档案信息资源的作用，必须切实做好档案管理的基础业务工作，注重做好档案的收集整理工作，实行多渠道、全方位开发档案信息资源。

引青济秦工程以洋河水库为界分为西线工程和东线工程。引青济秦工程共进行了四次建设，分别是引青济秦应急工程、引青济秦东线一期扩建工程、引青济秦东线二期扩建工程和引青济秦扩建三期工程建设。

引青济秦扩建三期工程是引青济秦工程建设的重要组成部分。按照城乡统筹、合理高效、以供定需、持续利用原则及构建"一路双线、东西互济、三库联调、四区双水"的供水基本框架，根据原国家计委及水利部有关桃林口水库工程的审批文件，引青济秦扩建三期工程按实现年输水1.75亿立方米的最终规模一步建设到位，最大输水能力达69.1万米^3/天，工程估算总投资99250万元。考虑项目建设需要和资金筹措能力，在保障全市各阶段城市供水安全的基础上，本着突出重点、统筹兼顾、近远结合的原则分期实施。

引青济秦扩建三期工程于 2015 年 7 月 23 日进场施工，总投资 24943.65 万元，2015 年 7 月 24 日开始工程施工。2017 年 1 月 24 日，完成管道整体打压合格；2017 年 4 月，燕窝庄小水库改造标完成库区建设，具备通水条件。自 2017 年 5 月 18 日管道及燕窝庄小水库试通水至今，工程运行正常，无质量问题，5 个施工标的分部工程验收工作基本完成。

档案管理工作人员应牢固树立服务意识，认真了解水利工程建设工作的具体操作程序和工作分阶段的工作安排，对档案资料的内容、数量做到心中有数；认真做好每个阶段的档案归档工作，注重档案收集的全面性和及时性，做到条理清晰，按照工程进度对其进行分类整理，分阶段进行整理归档，使各类档案资料条目清楚、存放有序、管理规范；广泛利用录音录像、实物等多种形式，尽量全面系统地记录工程建设全貌，保证整个工程项目档案齐全、完整、准确、系统，能够充分反映引青济秦扩建三期工程建设整个过程。

3. 档案服务于引青济秦扩建三期工程日后的维护管理

档案在项目竣工后的维修、改扩建等工作中发挥重要的作用，是工程建设、管理、运行、维护、改（扩）建等工作的重要依据。通过查找档案资料，查看工程资料和数据，明确管道需要维修的位置，制定合理优化的维修方案。

工程档案是反映建设工程质量和工作质量状况的重要依据，是评定工程质量等级的重要依据，也是单位工程日后维修、扩建、改造、更新的重要材料。全面系统的档案收集整理为引青济秦扩建三期工程日后的维修维护提供重要的依据。

引青济秦扩建三期工程建设离不开档案的支撑和保障。档案的价值在于利用，我们要积极挖掘档案信息，服务领导决策，实现档案管理由封闭型向开放型、由保管型向利用型的转变，把档案变成可利用的信息资源。通过利用档案资料，使档案的价值得到充分的体现。开发、管理、利用好档案，使其更好地服务于引青济秦扩建三期工程建设和管理。

结　语

《"十四五"全国档案事业发展规划》将着力推动档案工作走向依法治理、走向开放、走向现代化写入指导思想，并体现在各项具体任务中，构建了推动档案事业高质量发展的未来蓝图。

档案管理要"走向开放"，内涵丰富，主要强调档案管理工作要走出自我循环的封闭轨道，建立起联通外部环境的渠道，形成全面立体开放的新态势，是实现档案事业高质量发展的必由之路。档案工作"走向开放"，就是打破封闭状态，使档案工作与外部环境之间保持良好的交互关系，与社会其他系统之间实现有效的交流与互动，构建档案管理新模式。进入新时代，我国档案工作呈现不断走向开放的良好态势，档案事业进入创新发展的新阶段。

档案馆应当通过其网站或者其他方式定期公布开放档案的目录，不断完善利用规则，创新服务形式，强化服务功能，提高服务水平，积极为档案的利用创造条件、简化手续、提供便利。随着信息时代的发展，档案的开发利用也随之发生改变。新时期的档案服务方式由传统的被动式转为主动提供服务，提升了档案的利用价值，实现了智慧化服务。不断创新档案服务模式，塑造档案工作新形象，充分实现档案价值。不断完善档案开发利用服务理念，使档案共享，使档案充分服务于公共服务、文化教育等多个领域。不断突破档案的科技创新，完善创新机制，优化档案规划体系，注重科技在档案发展中的重要作用。档案记载着历史，浓缩着社会记忆。将档案信息加工整理形成档案编研成果。档案编研成果是档案利用形式的一种体现，凝聚了档案信息精华，能够满足特定用户的需求。举办档案展，推出主题鲜明、内容丰富、形式多样的档案。严格按照档案资料的利用申请、审批和提供利用的全部流程，最大限度地满足档案用户对档案资料的合理利用需求，提供优质、高效、便捷的利用服务。同时，对档案用户利用档案的相关行为进行约束规范，确保档案的安全合理利用，优化服务条件和能力。利用新媒体、新技术，积极拓展档案发展利用的空间，扩大档案利用主体，把档案资源优势和新媒体传播优势充分融合，深入挖掘档案价值，在档案精准开发利用上下功夫，加大宣传力度，讲好档案背后的故事，提升档案的传播力和影响力。

档案是工作考察的重要依据，是文化传承的重要载体，是经济文化建设的宝贵资源，是科学研究的可靠依据，是宣传教育的生动素材。

档案是保存人类历史文明、生产生活的重要记录，具有重要的价值，是宝贵的文化财富。档案工作作为一项利国利民、惠及千秋万代的崇高事业，在国民经济发展中处于特殊地位。

在"十四五"期间，应全面提升档案管理水平，全面提升档案安全保障水平，全面提升档案服务水平。有效整合档案数字资源，有效整合档案资源管理业务，在档案资源建设、利用服务水平、治理效能和信息化进程等方面都将迈上一个新台阶。

档案工作已经步入新的征程，进入新的阶段。深入贯彻落实习近平新时代中国特色社会主义思想，深入学习贯彻落实党的二十大精神和习近平总书记重要批示，不忘初心，砥砺前行，牢记使命，开拓新程，全面提高档案工作质量和服务水平。按照全国数字档案馆的要求，继续推进档案信息化和档案馆数字转型，强化档案资源统筹，深化档案开发利用，加大档案保护力度，充分实现档案对国家和社会的价值。进一步彰显新时代档案工作的现实意义和现实成效，进一步提升档案管理工作质量和服务水平，为社会经济发展贡献力量，努力实现"十四五"期间档案事业的新突破、新发展。到2035年，档案资源建设质量、档案利用服务水平、档案治理效能和管理现代化程度进入世界前列，为开启全面建设社会主义现代化国家新征程、实现第二个百年奋斗目标贡献力量。

各档案管理部门应坚定不移走好高质量发展之路，谋划档案事业创新发展，忠诚履行"为党管档、为国守史、为民服务"的职责使命，服务经济社会发展大局，服务人民群众生产生活，更加主动、完整、准确地记录中国共产党带领全国各族人民全面建设社会主义现代化国家和实现中华民族伟大复兴的伟大奋斗历程，谱写档案事业高质量发展的新篇章。

参 考 文 献

[1] 王雪君，李彦.智慧档案馆建设研究[J].档案天地，2022（12）：25-26.

[2] 问宇鹏，任越.档案文化创意产品设计与开发研究[J].档案天地，2022（3）：31-35.

[3] 钟芳.永恒的红船精神[J].档案天地，2019（9）：56-58.

[4] 赵丽辉.机关事业单位档案管理数字化存在的问题及对策[J].兰台内外，2021（6）：34-37.

[5] 李月涛.档案文献遗产开发研究[D].上海：上海大学，2008.

[6] 娄红.异地查档的问题及建议[J].档案天地，2019（9）：35-37.

[7] 徐丽媛.民生档案服务利用的几个典型事例[J].档案天地，2018（5）：25-28.

[8] 柏德有，谭静宇.城市记忆主题档案展览的策划和实施[J].中国档案，2022（12）：31-32.

[9] 周克华.关于国家档案馆档案开放办法的贯彻落实[J].中国档案，2022（12）：24-25.

[10] 林英楠.推进档案信息化与数字化建设[N].中国档案报，2020-12-08（06）.

[11] 党涵.浅谈档案信息的数字化建设[J].基层建设，2019（21）：11-13.

[12] 何紫璇，刘慧鑫.试论档案文化价值的释放与传播[J].档案天地，2019（9）：21-22.

[13] 问宇鹏，任越.档案文化创意产品设计与开发研究[J].档案天地，2022（3）：15-17.

[14] 岳红博，王伟红.档案安全管理文化建设探析[J].档案天地，2022（7）：

25-27.

[15] 晏周. 新时代档案个性化服务研究 [J]. 档案天地，2022（7）：33-35.

[16] 张志宏，李宝红. 奥运遗产档案的收集整理与利用 [J]. 档案天地，2022（8）：26-27.

[17] 刘立杰，薛亦杉，尹淑茹. 疫情防控期间档案管理工作体会 [J]. 档案天地，2022（4）：33-34.

[18] 李丽环. "互联网＋政务服务"背景下服务型档案管理模式构建研究 [J]. 档案天地，2022（4）：21-23.

[19] 孙源. 真抓实干，推动档案事业创新发展：从各地"十四五"规划看档案工作发展方向 [N]. 中国档案报，2022-01-27（01）.

[20] 伊部. 国家档案局要求认真贯彻实施《十四五全国档案事业发展规划》[N]. 中国档案报，2021-06-09（01）.

[21] 卢慧军. 浅谈档案信息资源的开发与利用 [J]. 宁波档案，2017（5）：13-15.

[22] 徐拥军，龙家庆. 加快档案治理体系建设，推动档案事业高质量发展 [J]. 中国档案，2022（2）：16-18.

[23] 国家档案局档案馆业务指导司. 紧扣八个关键词 全面推进档案事业"四个体系"建设 [N]. 中国档案报，2021-09-06（01）.

[24] 陈建东. 聚焦档案治理效能，提升业务建设质量，全面推进档案事业"四个体系"建设 [J]. 云南档案，2021（11）：29-30.

[25] 官明. 四川着力推动档案专业人才队伍建设 [N]. 中国档案报，2020-10-10（01）.

[26] 李爽. 浅谈档案管理在人才队伍建设中的作用 [J]. 兰台内外，2022（10）：23-26.

[27] 吕聪霞. 浅谈国家重点档案抢救和保护工作中存在的问题及建议 [C]. 北京：2010年全国档案工作者年会论文集，2010.

[28] 刘利. 浅谈我国档案管理体制改革的重点、难点 [J]. 佳木斯教育学院学报，2013（10）：448.

[29] 裘晶晶. 浅谈做好新形势下的档案管理工作 [J]. 宁波档案，2017（5）：

22-25.

[30] 于晓丽.浅谈做好精准扶贫档案管理工作[J].兰台内外,2021(33):11-13.

[31] 田忠钰,黄翠.抓好农村档案工作,推进美丽乡村建设[J].学习月刊,2016(20):53-55.

[32] 管先海,李兴利.城乡记忆与档案管理[J].档案管理,2019(5):25-28.

[33] 王海明.美丽乡村建设融入档案特色[J].上海档案,2018(4):34-35.

[34] 钰恒伟.民俗档案保护的困境与对策[J].兰台世界,2013(2):17-19.

[35] 薛金玲,赵继臣.民俗档案文化资源开发模式研究[J].兰台世界,2012(3):22-25.

[36] 孙海燕.试论国家重点建设项目档案管理[J].甘肃科技,2011(6):9-11.

[37] 高赫笛.论突发公共卫生事件下的档案管理[J].中国应急管理科学,2021(3):13-16.

[38] 孙晨.论突发公共卫生事件档案的科学管理[J].办公室业务,2020(2):24-26.

[39] 魏栋,李芹国.浅析水利工程档案管理[J].水电水利,2018(5):17-19.

[40] 许思文.高水平建设"一带一路"重要支点 创新推动档案事业高质量发展[N].中国档案报,2023-10-20(03).